DANIELA MASSARI

ASTROLOGIA DELLA SEDUZIONE

L'Arte di Interpretare Posizioni Astrali e Segni Zodiacali per Conquistare il Tuo Partner

Titolo

"ASTROLOGIA DELLA SEDUZIONE"

Autore

Daniela Massari

Editore

Bruno Editore

Sito internet

http://www.brunoeditore.it

Tutti i diritti sono riservati a norma di legge. Nessuna parte di questo libro può essere riprodotta con alcun mezzo senza l'autorizzazione scritta dell'Autore e dell'Editore. È espressamente vietato trasmettere ad altri il presente libro, né in formato cartaceo né elettronico, né per denaro né a titolo gratuito. Le strategie riportate in questo libro sono frutto di anni di studi e specializzazioni, quindi non è garantito il raggiungimento dei medesimi risultati di crescita personale o professionale. Il lettore si assume piena responsabilità delle proprie scelte, consapevole dei rischi connessi a qualsiasi forma di esercizio. Il libro ha esclusivamente scopo formativo.

Sommario

Introduzione	pag. 5
Capitolo 1: Come imparare a leggere un Tema Natale	pag. 8
Capitolo 2: Come i Pianeti veloci ti aiuteranno a conoscere meglio il tuo partner	pag. 43
Capitolo 3: Come interpretare il significato dei pianeti lenti nella lettura del Tema	pag. 71
Capitolo 4: Come si prospetta una relazione: gli Aspetti planetari, la Sinastria e i Pianeti di Transito..	pag. 98
Conclusione	pag. 131

Introduzione

Ciao. Prima di tutto un saluto a te che hai avuto il coraggio di affrontare un tema così complicato e impegnativo come quello dell'Astrologia e, per giunta, della conquista! Tutti vorremmo conquistare un uomo o una donna che ci fa impazzire, ma come?

Per secoli l'essere umano si è arrovellato nel tentativo di capire quale fosse quella magica formula in grado di avvicinare e, successivamente, conquistare la persona dei propri sogni.

Anticamente l'uomo, eterno cacciatore, studiava il volo degli uccelli nell'ancestrale tentativo di coglierne i segni rivelatori. Così come la donna, padrona da sempre di quella consapevolezza di essere l'unica a poter davvero scegliere un tipo piuttosto che un altro, troppo spesso ha dovuto invertire la marcia di fronte a banali errori di valutazione!

Su questo sterminato territorio, battuto da tale amorosa quanto avvilente battaglia tra sessi, tante sono le possibilità che si aprono sulla scena, dalle più diffuse tecniche di seduzione al corso su come scrivere frasi d'amore! Ma poche, veramente poche, sono le strade che permettono davvero di ottenere risultati sorprendenti!

Da sempre la preda, maschio o femmina che sia, prima della cattura ha bisogno di essere studiata, osservata e analizzata nelle sue più intime debolezze e poi, solo poi, sarà possibile sferrare il colpo finale che ti renderà vincitore/vincitrice!

Del resto non è sempre vero che in amore vince chi fugge! È anzi vero il contrario! Vince chi resta! Chi è sempre presente, pronto ad agire e a intervenire nel momento più opportuno.

Con l'Astrologia, antica quanto meravigliosa "scienza", la possibilità di realizzare la tanto desiderata conquista è davvero alla portata di tutti, a patto però di porre in essere le giuste strategie con seria determinazione!

Ogni segno zodiacale ha infatti le proprie caratteristiche, le proprie peculiarità da non sottovalutare e da considerare invece con molto tatto e maestria. Quello sconosciuto quanto flebile tallone d'Achille, se colpito con grande risolutezza, farà cadere ai tuoi piedi anche il/la più ostico/a e reticente amante!

Solo con la giusta conoscenza delle case, dei segni, dei pianeti e degli aspetti planetari, potrai decidere ciò che è opportuno fare o non fare, come e quando muoverti o qual'è il momento propizio per passare all'attacco!

A questo punto tutto dipende da te! Non ho nessuna intenzione di proporti una lunga serie di tecniche seduttive di rara specie! Ma con la conoscenza dell'Astrologia abbinata a tanto impegno e determinazione, c'è davvero la possibilità di raggiungere ottimi risultati! In bocca al lupo!

CAPITOLO 1:
Come imparare a leggere un Tema Natale

Come si fa a realizzare materialmente tutto ciò che hai letto nell'introduzione? Semplice! Dovrai imparare a leggere quello che potrebbe sembrare, a prima vista, un banale disegno geometrico, pieno di righe e di segni ma, attraverso questo straordinario strumento, che rappresenta il cerchio zodiacale, potrai ottenere informazioni sorprendenti su te e il tuo partner!

Si chiama Tema Natale, Tema Astrale o Carta del Cielo e rivela la posizione dei pianeti al momento della nascita di un individuo, nonché gli aspetti che gli astri formano tra loro, con le case o con i pianeti di transito.

Lo zodiaco raffigura il cielo come un cerchio a 360 gradi ed è ripartito in dodici sezioni che corrispondono ai segni zodiacali. Dunque, il Tema Natale si ottiene individuando la posizione dei pianeti sul cerchio zodiacale, con riferimento a una certa ora, data e luogo, che corrispondono poi all'ora, data e luogo di nascita, nostri o di chi ci interessa.

L'ora di nascita permette di determinare la posizione dell'"ascendente" che, come vedremo in seguito, è un elemento molto importante per iniziare a conoscere una persona.

Nello stesso tempo l'ora di nascita ci aiuta a collocare i pianeti nei vari segni e nelle case. A tutti questi elementi verrà poi attribuito un significato simbolico che andrà a definire la personalità e le caratteristiche psicosomatiche di ogni individuo.

Per risparmiare tempo potrai facilmente stampare il grafico da un qualsiasi sito web che si occupa di astrologia. Ti suggerisco, per esempio, di utilizzare il sito: www.astrologiainlinea.it. In tal caso sarà sufficiente inserire, nell'apposito campo, data, ora e luogo di nascita della persona che ti interessa.

Tuttavia, per esperienza personale, ritengo che possa essere molto più utile procedere manualmente alla costruzione del grafico. Ciò in quanto, pur richiedendo tale tecnica tempi più lunghi, ti sorprenderà di come, durante la sua realizzazione, riuscirai a intuire gli aspetti fondamentali della questione.

Personalmente ho notato che i temi natali da me eseguiti mi hanno fornito molte più informazioni di quante ne avrei potute ottenere da internet! Ma questo sarà oggetto di opportuna trattazione nel mio prossimo ebook, che vorrei dedicare proprio alla realizzazione manuale di un tema natale.

È infatti vero che, seppur i temi "già pronti" siano completi di tutto e tecnicamente più "precisi" di quelli manuali, la concentrazione impegnata durante la loro costruzione genera molte più intuizioni rispetto alla lettura di uno schema già pronto.

Quello che segue è un classico esempio di Tema Natale:

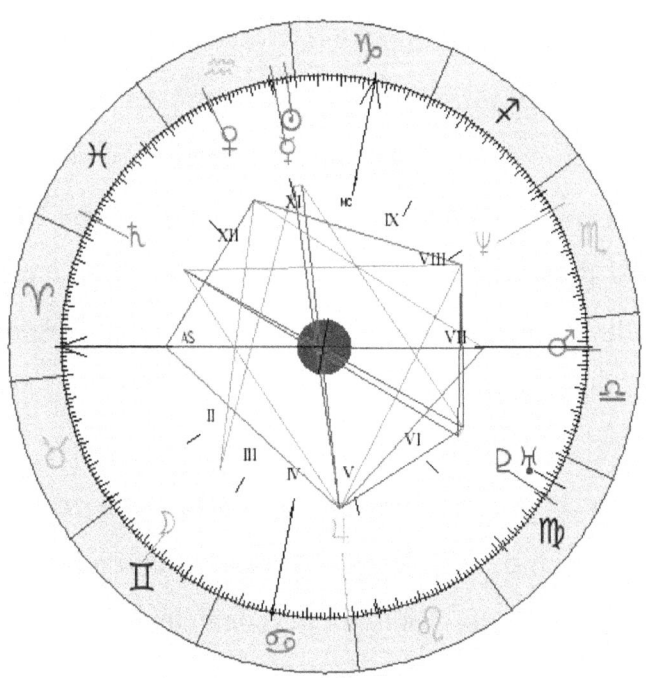

Immagine soggetta a copyright - http://www.astrologiainlinea.it

A sinistra del grafico potrai osservare il primo simbolo ♈ che raffigura il segno dell'Ariete. A seguire, in senso antiorario, puoi notare il simbolo del Toro, poi dei Gemelli, del Cancro, del Leone e della Vergine. Poi la Bilancia, lo Scorpione, il Sagittario, il Capricorno, l'Acquario e infine i Pesci.

Gli ulteriori simboli che appaiono invece all'interno del cerchio rappresentano i vari pianeti. Questo ♃, per esempio, è il simbolo del pianeta Giove. Noterai che il cerchio è ulteriormente suddiviso in dodici settori, che costituiscono le "case", numerate (con numeri romani) dall'uno al dodici. Infine, tutte quelle righe colorate, di varia lunghezza, rappresentano gli aspetti, che conoscerai più avanti.

SEGRETO n. 1: per iniziare, dovrai stampare il grafico da un qualsiasi sito web di astrologia, inserendo negli appositi campi data, ora e luogo di nascita della persona che ti interessa.

Come utilizzare il Tema

Veniamo ora a noi.

Per avere tutte le informazioni di cui hai bisogno sulla persona che ti interessa, dovrai cominciare con il procurarti una copia del suo tema di nascita, nel modo che ti ho appena suggerito. Una prima analisi del grafico potrà subito fornirti, per esempio, informazioni sui gusti, sui luoghi che ama frequentare, sugli interessi e sulle passioni, oppure la propensione che potrebbe avere, in un particolare momento, a iniziare una storia.

Sempre a titolo esemplificativo, posso anche anticiparti che è possibile scoprire con quali segni si trova più a suo agio o tutto ciò che amerebbe ricevere dall'altra persona. Una volta capito con chi hai a che fare, potrai quindi preparare la tua strategia! A questo punto sarà facile sapere come muoverti o come fare il primo passo!

Tieni presente che attraverso lo studio dei pianeti di transito potrai inoltre decidere qual è il momento più opportuno per prendere qualsiasi tipo di iniziativa, per esempio studiando la posizione giornaliera della Luna, che potrà svelarti importanti informazioni sullo stato emozionale di chi vuoi tu, non solo giorno per giorno, ma ora per ora!

Quando poi avrai compreso il funzionamento di un singolo tema, potrai anche cimentarti nella realizzazione della cosiddetta "sinastria", o oroscopo di coppia, al fine di determinare i diversi punti d'incontro, o le problematiche, tra te e il tuo partner. Questo significa che avrai anche la possibilità di scoprire i tuoi punti di forza nei suoi confronti e viceversa, o cosa, per esempio, è in grado di farti perdere il controllo e correre ai ripari!

Sembra strano ma, dopo che avrai imparato a conoscere il significato di ogni segno, dei pianeti nei segni o nelle case, nonché il senso degli aspetti planetari, ti riuscirà molto facile capire, per esempio, il tipo di approccio che la tua preda preferisce affrontare, se la stessa sia disposta a concedersi o meno, e tanto altro ancora.

Ci tengo infatti a sottolineare che il concetto di seduzione applicato all'Astrologia si basa soprattutto sulla conoscenza profonda del partner, sia dal punto di vista psichico che emotivo, senza trascurare i suoi cambiamenti d'umore, fondamentali per preparare le tue mosse!

SEGRETO n. 2: il concetto di seduzione applicato all'Astrologia si basa sulla conoscenza profonda, psichica ed emotiva, del partner, nonché sui suoi cambiamenti di umore. Queste informazioni dovranno poi essere abbinate a una tua personale strategia comportamentale.

I dodici segni zodiacali – la lettura del tema passo per passo
Per cominciare, dovrai verificare in quale segno del Tema Natale

è collocato il Sole ☉ della persona che ti interessa. Per esempio, nel nostro tema di riferimento, il Sole si trova in Acquario. ♒

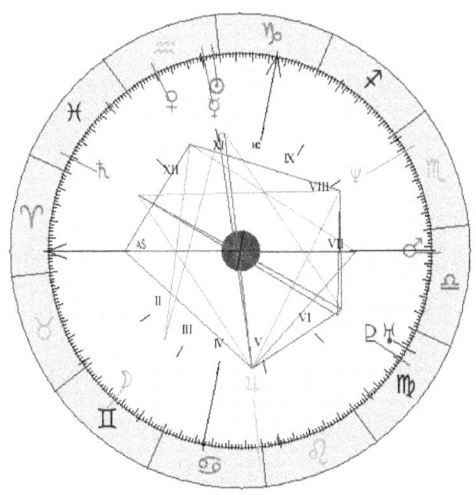

Immagine soggetta a copyright - http://www.astrologiainlinea.it

La posizione del Sole corrisponde a quello che noi solitamente chiamiamo "segno zodiacale" e fornisce un primo approccio sul carattere e le caratteristiche principali della persona. Nell'astrologia tradizionale il Sole rappresenta infatti, prima di tutto, quello che viene comunemente definito il "cammino di vita" di una persona, il suo sé. Ma nel nostro caso, oltre a conoscere alcuni degli aspetti fondamentali di ciascun Segno, andremo a scovare quelli più utili a porre in essere la giusta tecnica seduttiva!

Detto questo, dopo aver individuato dove si trova il Sole della persona che ti interessa (e quindi il suo segno zodiacale), potrai cominciare con il leggerne il profilo, per scoprire così qual è il modo migliore per conquistarla! Oppure, invece di leggere solo le caratteristiche del Segno e passare poi all'individuazione delle case e dei pianeti, potrai informarti sulle caratteristiche di tutti i Segni e avere così un idea generale di tutto lo Zodiaco.

Tieni però presente che, oltre al Sole, anche l'**Ascendente** ha la sua importanza, da non trascurare! Prima di procedere oltre dovrai infatti verificare anche in quale segno del Tema si trova l'Ascendente della persona che ti interessa. Per esempio, nel nostro tema di riferimento, questo viene indicato con la sigla **AS**, e cade proprio nel segno dell'Ariete.

Ti consiglio di leggere anche il profilo del segno che coincide con l'Ascendente, perché anche questo rappresenta il temperamento di un individuo, la sua personalità e l'atteggiamento cha assume verso l'esterno. In pratica, mentre il Segno zodiacale (Sole) ci dice come siamo realmente, l'Ascendente ci rivela soprattutto come gli altri ci vedono!

Tuttavia, per facilitare la tua comprensione sul funzionamento del cerchio zodiacale, anziché seguire l'ordine tradizionale dei dodici segni, ti parlerò degli stessi distinguendoli nei quattro gruppi fondamentali, corrispondenti ciascuno a un elemento. Inizierò quindi con i segni di Fuoco per poi passare a quelli di Terra, a quelli di Aria e infine a quelli di Acqua.

Un'ultima precisazione prima di iniziare. Le citazioni delle affinità tra Segni, che troverai nella descrizione di ciascuno di essi, sono da considerarsi in linea generale, in quanto la reale compatibilità tra te e il tuo partner potrà essere verificata con maggiore precisione solo attraverso la realizzazione della sinastria.

SEGRETO n. 3: verifica subito in quali segni del Tema Natale sono collocati il Sole e l'Ascendente della persona che ti

interessa. Dopodiché potrai leggerne le caratteristiche e avere così una prima idea del suo carattere e del modo in cui sedurla.

I segni di Fuoco

♈ Incominciamo quindi con il primo segno di Fuoco che è l'**Ariete**. Una persona con il Sole in Ariete, ovvero "del segno dell'Ariete", sarà, come tutti i segni di fuoco, piena di energia e amante dell'avventura. L'Ariete è infatti un segno impulsivo, coraggioso e spontaneo, dotato inoltre di un'intelligenza brillante e di una grande fiducia in se stesso!

Per quanto riguarda la vita sentimentale non dobbiamo dimenticare che ci troviamo di fronte a un conquistatore per niente diplomatico! Quindi i suoi amori saranno spesso caratterizzati da passione, ardore e colpi di fulmine che faranno esplodere all'improvviso i suoi sentimenti! Egli non è in grado di resistere al fascino della seduzione che inizia utilizzando qualsiasi cosa gli permetta di condurre il gioco e dominare, anche se con molto romanticismo, la sua preda!

Da questo punto di vista, l'Ariete apprezza molto le persone indipendenti e coraggiose! Potrai quindi catturare la sua attenzione guardandolo dritto negli occhi senza alcuna esitazione, e sorprenderlo lasciandoti travolgere dalle sue iniziative totalmente imprevedibili e inaspettate!

Purtroppo il fuoco della sua passione tende ad affievolirsi con la stessa velocità con cui si è acceso e l'Ariete, senza rimpianti, volgerà il suo sguardo vittorioso verso altri lidi! Per evitare che questo avvenga ti suggerisco di mostrarti sempre di ottimo umore, evitare le critiche e cercare di non tenerlo troppo legato a te!

Per conquistarlo, dovrai munirti di una buona dose di perseveranza e pazienza, non dimenticando di usare anche l'astuzia! Per esempio, potrai lasciarti scaldare un po' dal suo fuoco scoppiettante e poi, fuggire!

Per quanto riguarda le relazioni con gli altri segni, c'è da dire che l'Ariete realizza il proprio destino attraverso l'incontro con la

Bilancia, in quanto la passione del primo compensa la costante ricerca di conferme del secondo. Sempre favoriti, inoltre, gli incontri con gli altri segni di fuoco, come il Leone e il Sagittario (i due Soli si trovano in ottimo aspetto di trigono), ma anche con il Capricorno, che permette la costruzione di un rapporto ricco di possibilità pratiche. Problematici invece i rapporti con lo stesso Ariete a causa di possibili rivalità!

♌ Se invece il Sole si trova nel secondo segno di Fuoco, ovvero in quello del **Leone**, pur avendo di fronte una persona ugualmente "focosa", questa sarà caratterizzata dalla regalità che contraddistingue il Re della foresta! Non a caso stiamo parlando di un segno molto ammirato che però, a sua volta, non riesce a provare interesse per tutto quello che non è degno della sua ammirazione! Quindi, pur essendo fondamentalmente molto generoso, è anche altrettanto esigente con gli altri!

Tuttavia, per onor di correttezza, c'è da dire che egli tende a volgere questa sua esigenza anche verso se stesso, infatti nelle relazioni si mostra costantemente generoso e magnanimo, a patto però che anche il partner ricambi tutto ciò con una totale sottomissione e ammirazione!

In amore è molto sensuale e idealista. Per conquistarlo dovrai coprirlo di attenzioni e ricordargli quanto è importante per te, non tralasciando di lodare anche i suoi "momenti di gloria! Potrai inoltre stupirlo con effetti speciali: andrà infatti benissimo un invito a cena in un ristorante chic, preceduto magari da rose rosse se si tratta di una donna!

Tieni inoltre presente che la persona destinata a godere dei suoi favori dovrà avere classe, nobiltà di pensiero ed essere importante come lui! Preoccupati quindi di curare moltissimo, sia il tuo aspetto esteriore, che dovrà sempre essere impeccabile, così come anche il tuo savoir-faire!

Per finire, tieni presente che il suo regno è la famiglia, cui riserverà totale dedizione. Quindi, attenzione al tradimento! Il Leone si sentirà più offeso che ferito nei sentimenti! Egli, infatti, interpreterà la cosa come un vero e proprio atto di lesa maestà!

In linea generale, si può dire che l'incontro del destino del Leone si realizza con il segno dell'Acquario, che permette ai due di completarsi e crescere insieme. Favorite inoltre le unioni con gli altri segni di fuoco, compreso lo stesso Leone, se i soggetti mettono al bando le rivalità. Ottima combinazione con la Vergine e unione molto intensa con la Bilancia. Dal punto di vista sessuale un'attrazione esplosiva potrebbe invece realizzarsi con il segno dei Pesci!

Se la persona che ti interessa ha il Sole nell'ultimo segno di Fuoco, che è il **Sagittario**, stiamo invece parlando di un perfezionista di se stesso, sempre alla ricerca dell'evoluzione personale che accompagna a una grande passione per i viaggi, soprattutto quelli verso paesi lontani che gli permettono di ampliare sempre più la propria coscienza.

Espansivo e ospitale, è anche molto generoso nell'ascoltare e nel dare consigli agli altri. Fantastico nelle relazioni diplomatiche, nutre uno spiccato senso della giustizia e della morale.

Dal punto di vista sentimentale, ahimè, il Sagittario è spesso soggetto a colpi di testa! Ma solo fino a quando non incontra l'anima gemella, a cui donerà tutto se stesso! Normalmente il Sagittario si mostra esuberante e sempre pronto a tuffarsi in nuove avventure. Non a caso per lui l'amore, oltre a essere un piacere, deve essere anche divertente!

La sua principale arma di conquista consiste nello stordire la vittima con la sua travolgente dialettica. Quindi, per conquistarlo, dovrai ascoltarlo e mostrarti amica/o e confidente. Ma tutto ciò non basterà, dovrai anche essere come *piace* a lui, cioè una persona leale, piena di vita, altruista e amante dei viaggi e dell'avventura. Fondamentalmente non geloso, odia tuttavia essere "pressato" ed ha assolutamente bisogno di conservare i suoi spazi.

Il segno favorito per gli incontri della vita è quello dei Gemelli. L'unione sarà, infatti, caratterizzata da molta passionalità, non solo fisica ma anche intellettuale! Con gli altri segni di fuoco, Ariete e Leone, si avranno relazioni "incandescenti", mentre sono sconsigliate le unioni con lo stesso Sagittario. Ottimi inoltre gli incontri con Toro, Vergine e Scorpione.

I segni di Terra

Passiamo ora ad analizzare il significato del Sole quando si trova nei segni di terra, caratterizzati principalmente dalla concretezza e dal senso di responsabilità.

Primo dei tre, il segno del **Toro**. Si tratta principalmente di un segno portato istintivamente alla la ricerca della sicurezza, dell'acquisizione e della conservazione. Si presenta tuttavia come una persona molto socievole, amante della buona cucina e del sesso! Egli è inoltre disposto a concedere la sua fiducia e amicizia solo a coloro che se la meritano e di cui si fida ciecamente!

Il fatto di desiderare stabilità fa sì che la sua vita sentimentale sia generalmente serena. Il suo naturale bisogno di sicurezza lo porta infatti a fare della famiglia il suo punto di forza, a condizione però che ci sia anche un'ottima intesa fisica con il partner e che questo non risvegli la sua innata gelosia! Il Toro, infatti, difficilmente riesce a sopportare un tradimento!

Il suo corteggiamento è generalmente riservato e sensuale, anche se, quando viene preso dal fuoco della passione, è capace di impazzire e perdere ogni controllo! Sarà sempre, tuttavia, un amante raffinato e fedele!

Devi inoltre sapere che il Toro apprezza molto le persone semplici che gli mostrano il loro interesse con naturalezza. Potrai quindi conquistarlo organizzando una cenetta romantica a lume di candela, magari facendogli trovare in tavola il suo piatto preferito! Ma non solo. Non dimenticare mai di ricoprirlo di coccole e supportarlo in tutte le sue scelte importanti, ti ripagherà con altrettanto amore e dolcezza!

Infine, non sottovalutare il fatto che il Toro è portato a perdere la pazienza quando si sente aggredito o minacciato! Sarà quindi meglio evitare di contraddirlo... anche perché ha una terribile difficoltà nel perdonare!

L'incontro per la vita di questo segno è con lo Scorpione. Gaudente il primo, introverso il secondo, questi segni si completano profondamente proprio attraverso l'unione sessuale! Con gli altri segni di terra l'unione si prospetta equilibrata, anche se rischia di diventare noiosa con la Vergine. Ottimi i rapporti con i Gemelli e con il Sagittario.

♍ I nati con il sole nel segno della **Vergine** si distinguono da tutti gli altri segni dello Zodiaco, per essere dotati di una mente analitica, critica e perfezionista. Queste persone, molto metodiche e controllate, sono caratterizzate da un temperamento tendenzialmente irrequieto. Per loro nulla deve essere lasciato al caso e sono sempre convinti di riuscire a controllare tutto!

Anche dal punto di vista sentimentale questi soggetti vengono assaliti da una sottilissima paura che li spinge a trattenersi e a non lasciarsi mai andare. Più riflessivi che emotivi, infatti, cercheranno in tutti i modi di controllare i loro sentimenti e abbasseranno la guardia solo quando avranno la certezza di trovarsi di fronte a una persona seria e affidabile.

Proprio per la loro difficoltà nel mostrare i sentimenti, iniziano il corteggiamento impostando il rapporto sotto il segno dell'amicizia, anche se in realtà desiderano iniziare una seria e duratura storia d'amore!

Se li vuoi conquistare, dovrai sempre assecondarli e accettare anche la loro eccessiva attenzione ai dettagli, magari mostrandogli simpatia e ascoltandoli in silenzio. I "virginiani", infatti, apprezzano moltissimo la discrezione. Cerca inoltre, di essere più intellettuale che puoi e accetta, quando capita, anche le sue critiche! Sarai ripagato dal fatto che, sotto la loro corazza, si nascondono persone fragili che sognano amori fedeli e sereni!

L'incontro del destino della Vergine si realizza con i Pesci. Il rapporto sarà sicuramente problematico, ma garantisce ottime possibilità evolutive! Buoni gli incontri con il Capricorno, che genereranno unioni solidissime. Con il Leone prevarrà invece l'erotismo, anche se la relazione sarà estremamente faticosa! Con il Sagittario avremo invece incontri molto costruttivi.

 L'ultimo dei segni di terra è il **Capricorno**, quello più riflessivo, stabile e riservato dello zodiaco.

Famoso per il suo rigore, la sua perseveranza, pazienza e sangue freddo, il Capricorno progetta ogni cosa nei minimi dettagli, fino alla definitiva realizzazione. Egli sa infatti rimanere fedele a se stesso e ai suoi principi in tutte le circostanze. Tutte queste caratteristiche rendono la persona nata sotto questo segno fredda e distaccata, anche nel rapporto a due, in cui il Capricorno adotta una tecnica di corteggiamento caratterizzata, contemporaneamente, da discrezione e tenacia.

Essendo poi scarsamente vivace, questo segno è anche poco incline ai colpi di fulmine, nonostante abbia molto bisogno di tenerezza e affetto. Inoltre, a causa della sua timidezza, ma anche per paura di esporre la propria fragilità, stenterà a mostrare i suoi sentimenti!

In pratica, per conquistare un Capricorno, dovrai avere molta pazienza ed entrare pian pianino nella sua vita, senza generare in lui il sospetto che tu stia in qualche modo invadendo, anche minimamente, la sua privacy! Una volta entrato, dovrai sempre essere comprensivo su tutto ciò che riguarda le sue "fissazioni" e mostrarti assolutamente affidabile nella gestione del denaro, che per lui è fondamentale! Se riuscirai a seguire questa tattica fino in fondo, il Capricorno ti ripagherà di tutte le fatiche con la sua grande capacità di creare un'unione stabile e duratura! Attenzione però, per lui il matrimonio è sacro e il tradimento imperdonabile!

Il segno complementare del Capricorno è il Cancro. Si tratta di un'opposizione che permette ai due di completarsi vicendevolmente. Buone le unioni con gli altri segni di terra, ottime con il Sagittario e buone le combinazioni con Ariete, Gemelli e Leone.

I segni di Aria
Passiamo ora alle persone nate con il Sole nei segni d'aria, caratterizzate da una notevole capacità di comunicazione, relazione e molta razionalità nel modo di pensare.

♊ Il segno con la più grande capacità di analizzare le cose da più punti di vista è certamente l'ambivalente segno dei **Gemelli**. Comunicativo e socievole, è inoltre dotato di straordinarie capacità di adattamento, flessibilità e grande curiosità intellettuale. I nati sotto questo segno sono in genere dei leader naturali e quando lo ritengono opportuno, sanno trasformarsi in soggetti freddi e distaccati.

I loro interessi sono molteplici e nello stesso tempo superficiali, in quanto queste persone non si lasciano mai coinvolgere fino in fondo. È vero infatti, che il Gemelli è un maestro del "qui ed ora": sa come vivere il presente con grande intensità ma non rinuncia mai a quel distacco che gli permette di non lasciarsi travolgere troppo dalle emozioni!

Nel gioco della seduzione il Gemelli ama sfoderare il suo fascino prorompente e la sua contagiosa vitalità. Eccellente inoltre nella comunicazione, colpisce con belle parole e lunghe telefonate accattivanti, che dovrai sempre apprezzare!

Consapevole della sua irresistibile simpatia e maestro nell'arte del "doppio gioco", adora flirtare con più persone, piuttosto che scegliere un rapporto esclusivo. Quando infatti si presenta il pericolo di doversi assumere un impegno serio, il gemelli è abilissimo nel darsi alla fuga! Per questo motivo non permetterti mai di reprimere i suoi istinti! Tuttavia il tradimento nei suoi confronti lo farà sicuramente soffrire, ma solo nel caso in cui sia realmente innamorato e condivida con il partner una profonda intesa. In tutti gli altri casi non ammetterà mai il proprio fastidio!

Se vuoi conquistarlo devi mostrarti aperto, seduttivo, e sempre sfuggente! Nel rapporto con lui dovrai inoltre mettere sullo stesso piano corpo e amore. Potrai infatti lusingarlo ascoltando i suoi accattivanti discorsi e, nello stesso tempo, sorprenderlo con un'altrettanto affascinante loquacità! Invitalo in qualche locale alla moda e assecondalo nei suoi numerosi interessi!

Molto appassionato sarà il rapporto dei Gemelli con il complementare segno del Sagittario. Queste unioni promettono grandi realizzazioni! Con gli altri segni d'aria è sconsigliato solo il rapporto con lo stesso Gemelli. Con Acquario e Bilancia le possibilità saranno ottime sia sul piano fisico che su quello materiale. Tra gli altri segni la combinazione migliore si avrà con il Toro.

♎ Il segno della **Bilancia** è invece caratterizzato da equilibrio, bellezza, arte ed estetica. I nati sotto questo segno hanno spesso un fisico armonioso e seducente, e a loro volta, sono attratti da tutto ciò che è bello! Non a caso si rivelano particolarmente sensibili alle arti come la musica e la pittura. Diplomatici, estroversi e comunicativi sono inoltre dotati di una mente elastica che contribuisce a rendere sempre molto piacevoli le loro conversazioni, che non devono mai trasformarsi in discussioni!

Per loro amare è un bisogno primario e la loro felicità dipende in gran parte dal rapporto che riescono a costruire. Seducono con molta discrezione, lasciando intendere quanto la persona scelta sia importante per loro, accompagnando il tutto con una grande eleganza e raffinatezza nell'abbigliamento.

Tuttavia conquistare una Bilancia non è facile, proprio perché così raffinati e cortesi, pretendono moltissimo dal partner! Quindi, se vorrai fare colpo su di loro dovrai mostrarti intelligente, colto e raffinato, soprattutto nell'abbigliamento! Sono infatti convinti che "la classe non è acqua" e se vorrai aspirare a loro dovrai anche avere un aspetto curatissimo! Un altro particolare da non trascurare è il fatto che la Bilancia apprezza moltissimo i complimenti, anche a causa del suo innato narcisismo! Non devi quindi mai perdere l'occasione per ricordare al tuo partner quant'è bello e affascinante!

Infine, anche se questo segno rappresenta l'emblema della giustizia, i "bilancini" non sono mai stati dei campioni di fedeltà! Tieni presente che anche il tradimento perpetrato nei loro confronti non è quasi mai una cosa drammatica, ma viene spesso catalogato come una banale "caduta di stile"!

L'incontro del suo destino è con il passionale segno dell'Ariete, che rassicura la Bilancia! Buoni gli incontri con gli altri segni d'aria, ottimi con Leone e Pesci e sereni con il Capricorno.

L'**Acquario**, ultimo dei segni d'aria, si contraddistingue per la sua naturale tendenza ad apprezzare le novità, che su di lui esercitano un fascino irresistibile! Dotato di uno spiccato senso critico, curioso e originale, in lui predomina l'attività intellettiva, che ama sfoggiare nei giochi psicologici e nelle sue notevoli capacità oratorie. Inoltre, grazie anche alle sue idee originalissime e anticonformiste, l'Acquario riesce sempre a sconvolgere ogni regola!

Poco spontaneo, poco emotivo, così come anche poco sentimentale, per questo segno la vita di coppia non occupa quasi mai il primo posto, mentre il corteggiamento rappresenta per lui la parte più interessante di una relazione! Infatti, anche se all'inizio mostra grande entusiasmo e dolcezza, quando si accorge che il partner non rappresenta più una novità, il suo bisogno di libertà riprende il sopravvento e l'Acquario torna a essere di nuovo inafferrabile!

Per conquistare un segno idealista come questo dovrai quindi munirti di una grande varietà di argomenti e passare prima dalla mente per poter arrivare al suo cuore! Tieni inoltre presente che con un Acquario bisogna inizialmente mantenere una certa distanza emotiva. Solo dopo potrai andare al sodo! A questo punto fagli capire chiaramente quali sono le tue intenzioni e lanciati senza alcun tipo di inibizione! Fai però attenzione a non apparire troppo banale o possessivo, non sopporta le convenzioni e i principi morali che reputa fondamentalmente ipocriti!

Segno complementare dell'Acquario è il Leone, che gli permette di realizzare completamente il suo destino. Con gli altri segni d'aria le unioni si prospettano felici. Grandi possibilità evolutive con il Sagittario e unioni solide con il Toro!

I segni di Acqua
Siamo arrivati infine ai segni d'acqua, associati ai sentimenti e all'emotività.

Il più grande sognatore dello Zodiaco è il segno del **Cancro,** caratterizzato da sensibilità e immaginazione molto sviluppate. Chi nasce sotto questo segno appare infatti come un inguaribile romantico!

Comprensivo e spontaneo, il Cancro è tuttavia soggetto a frequenti cambiamenti d'umore, essendo dominato dalla Luna, che conferisce a coloro che ne sono influenzati una sensibilità prevalentemente femminile. Timido, affettuoso e riservato, il Cancro nutre un naturale desiderio a formarsi una famiglia tutta sua. Devi infatti sapere che egli si realizza principalmente nel matrimonio dove, a causa della sua natura nostalgica, il focolare domestico gli ricorda i momenti felici passati in casa dei genitori, quando era ancora bambino.

Nell'approccio amoroso i nati sotto questo segno si mostrano sensibili e riservati, corteggiano soprattutto con lo sguardo, che si illumina quando incontra quello della persona desiderata. Per loro l'amore è una cosa serissima ed esprimono grande dolcezza nei confronti del partner, che ricoprono di ogni tipo di attenzione. Sono però tendenzialmente gelosi e difficilmente perdonano se vengono feriti nei sentimenti. Per corteggiarlo dovrai riempirlo di coccole e farlo sentire unico e importante! Soprattutto, con lui non dovrai mai dimenticarti di festeggiare gli anniversari e i compleanni! Per queste occasioni cerca di organizzare tranquille cenette casalinghe che ti permettano di perderti nei suoi occhi e accarezzare il suo cuore! Inoltre, visto che ama anche viaggiare, tienilo per mano e regalagli una meta romantica fuori dal mondo!

Il Cancro realizza il proprio destino attraverso l'incontro con il Capricorno, da cui acquisisce stabilità e sicurezza. Con gli altri segni d'acqua i rapporti possono essere costruttivi anche se potenzialmente problematici. Solo con lo Scorpione si realizza una sorta di "attrazione fatale" molto affascinante! Incontri sessualmente felici anche con l'Acquario e ottima combinazione con il Sagittario.

♏ La passione e l'ambizione contraddistinguono invece il segno dello **Scorpione**. Cocciuto, coraggioso e dotato di una volontà di ferro, questo segno riesce in tutti i suoi progetti. Inoltre anche se spesso appare impenetrabile e distaccato, a causa del suo istinto e intuizione, vive un'intensa vita interiore.

Consapevole del suo irresistibile fascino e magnetismo, lo Scorpione riesce a modificare situazioni e persone a proprio piacimento. Per lui la vita sentimentale è un eterno combattimento, sempre molto movimentata e caratterizzata da amori travolgenti e passeggeri. È infatti facilissimo averlo per una notte ma difficilissimo conquistarlo per la vita!

Per questo motivo, se aspiri a costruire con lui una relazione stabile, dovrai rendergli le cose non troppo semplici! Egli infatti adora le difficoltà e considera meritevole di attenzione solo chi riesce a conquistare con grande fatica! Se riuscirai in questo, sarai premiato/a da mille vortici di tenerezza e passione! Tieni però presente che il matrimonio con uno Scorpione, segno terribilmente possessivo, rischia di essere disturbato dalla gelosia. Egli pretende infatti attenzioni a tempo pieno e fedeltà assoluta!

Per infierire ulteriormente su questo tenero guerriero potrai colpirlo con la tua prorompente sensualità. Parlagli delle tue fantasie erotiche e stordiscilo con musiche accattivanti, magari tra profumate lenzuola di seta!

L'incontro del destino dell'ermetico Scorpione potrà avvenire con il "godereccio" segno del Toro! L'elemento di scambio tra questi due segni, apparentemente così diversi, sarà infatti costituito proprio dal sesso! Avremo inoltre incontri sensualissimi con il Cancro e con lo stesso Scorpione, mentre unioni interessanti potranno realizzarsi con il Sagittario e i Pesci. Altro segno con cui costruire rapporti incandescenti è invece il Leone.

♓ Siamo arrivati all'ultimo segno zodiacale di acqua che è quello dei **Pesci**. Caratterizzati da una grande intuizione e ricettività, i nati sotto questo segno risultano spesso essere persone po' fuori dal comune, in quanto si sentono irresistibilmente influenzati dall'ignoto! Forse proprio a causa di questa spiccata consapevolezza dell'esistenza di altre dimensioni, i Pesci si trovano a proprio agio in un mondo tutto loro, magico e fantastico, dove costruire un'idea molto romantica, anche se poco realistica dell'amore, di cui sono eternamente innamorati.

Per i Pesci i sentimenti occupano infatti il primo posto e, per questo motivo, la loro natura si rivela spesso complessa e mutevole. Questa particolarità, che interessa soprattutto le donne, le rende estremamente affascinanti e complicate, capaci persino di amare in silenzio, senza che il loro uomo se ne accorga mai!

Nell'approccio amoroso, un po' a causa della naturale sensibilità e timidezza, un po' per il fatto di essere degli inguaribili rubacuori, i Pesci tendono spesso a essere inafferrabili! Altre volte invece, forse a causa della loro paura di impegnarsi, appaiono platonici e riservati. Tuttavia, con l'esca giusta, anche il pesce più sfuggente può essere catturato! Mostra loro, prepotentemente, la tua sensibilità e lanciagli messaggi d'amore solo con lo sguardo! Inoltre cerca di apprezzare anche tu i piaceri della vita come il vino e le arti. Non sapranno resisterti!

Scoprirai poi che, quando i Pesci si innamorano, sono capaci di donare completamente se stessi e ti regaleranno tanta dolcezza, comprensione e premura! Inoltre, proprio a causa di quel loro sottile tormento interiore, i Pesci si riveleranno degli amanti sorprendenti!

Questo segno realizza l'incontro del destino con la Vergine, che permetterà un rapporto all'insegna dell'evoluzione personale! Con gli altri segni d'acqua lo scambio sessuale é molto intenso, anche se con lo Scorpione rischia di degenerare in gelosia. Da evitare invece le relazioni con gli stessi Pesci a causa di possibili instabilità emotive. Ottime possibilità e scambi intensi con il caldo segno del Leone, mentre potranno realizzarsi dei rapporti estremamente armoniosi con la Bilancia.

SEGRETO n. 4: segni di Fuoco = energia, forza e azione. Segni di Terra = concretezza e stabilità. Segni di Aria = comunicazione e relazione. Segni di Acqua = sensibilità, sentimento e ricettività.

RIEPILOGO DEL CAPITOLO 1:

- SEGRETO n. 1: per iniziare, dovrai stampare il grafico da un qualsiasi sito web di astrologia, inserendo negli appositi campi data, ora e luogo di nascita della persona che ti interessa.
- SEGRETO n. 2: il concetto di seduzione applicato all'Astrologia si basa sulla conoscenza profonda, psichica ed emotiva, del partner, nonché sui suoi cambiamenti di umore. Queste informazioni dovranno poi essere abbinate a una tua personale strategia comportamentale.
- SEGRETO n. 3: verifica subito in quali segni del Tema Natale sono collocati il Sole e l'Ascendente della persona che ti interessa. Dopodiché potrai leggerne le caratteristiche e avere così una prima idea del suo carattere e del modo in cui sedurla.
- SEGRETO n. 4: segni di Fuoco = energia, forza e azione. Segni di Terra = concretezza e stabilità. Segni di Aria = comunicazione e relazione. Segni di Acqua = sensibilità, sentimento e ricettività.

CAPITOLO 2:
Come i Pianeti veloci ti aiuteranno a conoscere meglio il tuo partner

Ora che hai imparato a riconoscere le caratteristiche dei dodici Segni Zodiacali, ti sarai già fatto un'idea generale sul carattere del tuo futuro partner, esaminando la posizione occupata dal suo Sole e dall'Ascendente! Ma andiamo avanti...

Con la conoscenza di tutti gli altri Pianeti potrai comprendere come le diverse sfaccettature caratteriali di un individuo possano essere svelate dalla posizione del singolo Pianeta all'interno del Tema Natale.

Tutti i Pianeti occupano infatti una posizione ben definita, il giorno della nostra nascita, rispetto al cerchio zodiacale. In particolare questi ultimi esprimono gli aspetti più importanti della nostra personalità e, nello stesso tempo, costituiscono delle vere e proprie energie in grado di influenzare la nostra vita.

Così come il Sole, anche gli altri Pianeti, a seconda del segno in cui si trovano, si comportano più o meno nello stesso modo e forniscono nuovi spunti utili all'interpretazione del Tema.

Ognuno di questi Pianeti ha un suo preciso e particolare significato, il quale, abbinato a quello del segno in cui si trova, ci regala ulteriori e preziose informazioni.

 Il Sole

Del Sole abbiamo già parlato durante la descrizione dei dodici segni zodiacali. Questo "luminare", governatore del segno del Leone, rappresenta, per l'Astrologia tradizionale, l'autorità, la maturità e il fulcro della personalità di un soggetto.

Riguarda inoltre l'aspetto umano, il coraggio, la lealtà e la generosità. Fornisce, infine, spunti sulla figura paterna, sul marito e, come accezione più ampia, sull'uomo in generale, essendo collegato al maschile presente in ognuno di noi.

Dal nostro punto di vista il Sole deve invece essere considerato come il primo indizio che ci guida verso la progressiva scoperta della personalità del partner!

SEGRETO n. 5: anche il valore delle influenze prodotte dagli altri Pianeti, così come abbiamo visto per il Sole, fornisce ulteriori spunti utili e necessari a continuare l'analisi del Tema Natale. Queste nuove informazioni dovranno quindi integrare il significato tipico del Segno in cui i Pianeti si trovano.

La Luna

L'altro "luminare", governatore del segno del Cancro, viene invece comunemente assimilato al principio femminile di ricettività e fecondità.

La Luna è quindi il primo Pianeta, dopo il Sole, che dovrai attentamente studiare al fine di scovare la vera intimità, le emozioni e i desideri nascosti della persona che vuoi conquistare!

Nel Tema Natale di una donna ci parla infatti della sua

femminilità, mentre in quello di un uomo, rivela il modo di considerare la donna, il tipo ideale di compagna o, in generale, il rapporto di questo con il femminile.

Dunque, prima di passare all'attacco, cerca bene di capire con chi hai a che fare, quali sono i suoi sentimenti più intimi, e comportati di conseguenza! In astrologia la Luna simboleggia la madre, la moglie e la sorella maggiore. Corrisponde inoltre all'infanzia e al grembo materno, ma è anche collegata all'aspetto onirico, all'immaginazione e alla memoria.

Essa rappresenta i sogni e tutto quello che si esprime, in quanto femminile, il lato inconscio, le emozioni, gli umori, l'emotività e il passato. Denota inoltre quella particolare caratteristica che viene comunemente chiamata "lunaticità". Non a caso essa è in grado di esercitare un potente influsso sul movimento delle maree, così come sui ritmi biologici degli esseri viventi.

Gli effetti che essa determina quando si trova in un segno piuttosto che in un altro, sono però differenti a seconda delle caratteristiche del segno stesso, proprio perché il significato di tutti i Pianeti viene influenzato dall'energia del luogo in cui si trovano.

Significato della Luna nei Segni
Una Luna in **Ariete** ti parlerà di una persona impulsiva, poco paziente e autoritaria. Inoltre questa posizione favorisce una forte personalità abbinata a un umore variabile. Si tratta comunque di persone propense all'avventura e alla conquista!

Molto femminile e materna è invece la persona con la Luna in **Toro**. Desiderosa di sicurezza e dotata di un grande amore per la casa e la famiglia, la persona sarà affettuosa, buona e di sentimenti stabili.

Se la Luna si trova in **Gemelli** ti troverai di fronte una persona di aspetto sempre molto giovanile, versatile, frizzante e che ama molto comunicare. Tuttavia, anche se brillante nell'approccio, questa persona rischia di essere superficiale nella vita.

Al contrario, la Luna in **Cancro** rende romantici e sentimentali, anche se a volte suscettibili! La persona interessata manifesterà grande amore per la casa e la famiglia, e sarà molto affettuosa con chi ama. Tuttavia, con questa caratteristica, rischierai di incontrare anche persone capricciose e volubili, che, in caso di necessità, non perderanno l'occasione per fare le vittime!

Grande orgoglio e senso dell'onore caratterizza invece coloro che la Luna ce l'hanno in **Leone.** Queste persone si distinguono, in particolare, per una spiccata nobiltà d'animo e una grande generosità! Tuttavia la posizione, talvolta, trasforma gli stessi soggetti in individualisti e autoritari!

La Luna in **Vergine** ti parlerà di soggetti eccessivamente precisi, diffidenti e scettici che, a causa della loro spiccata emotività, rischiano di diventare critici e polemici. Spesso queste persone tendono a estraniarsi e a reprimere i propri sentimenti.

Senso artistico e grande gusto estetico contraddistinguono invece i nati con la Luna in **Bilancia.** Alla ricerca costante di sicurezza interiore, queste persone amano mescolare il romanticismo alla vita quotidiana. Anche se spesso vengono assalite dalla pigrizia, si mostrano però socievoli, equilibrate, diplomatiche e molto disponibili con il prossimo!

Grande magnetismo e fascino personale per chi la Luna ce l'ha in **Scorpione**! Queste persone provano sempre una forte attrazione per l'erotismo! Grazie poi alla loro sensibilità molto sviluppata, nutrono anche una grande passione per l'occulto. Possessivi e apprensivi, sono inoltre molto gelosi della propria vita privata!

I nati con la Luna in **Sagittario** amano invece viaggiare ed essere liberi e indipendenti! Desiderosi di migliorare continuamente la propria persona, nutrono un grande senso di avventura e di sfida verso se stessi. Molto sportivi e amanti degli animali, sono tuttavia spesso soggetti a continui cambiamenti d'umore legati al proprio stato d'animo e alle proprie sensazioni.

La Luna in **Capricorno** influisce sulle persone donando loro un grande senso di responsabilità e uno smisurato amore per il lavoro e la famiglia. Conservatori e tenaci, questi soggetti saranno sempre molto attenti, ambiziosi e perseveranti. Questa caratteristica tende tuttavia, spesso, a sfociare verso il pessimismo.

Instabilità emotiva e umorale caratterizza invece coloro che la Luna ce l'hanno in **Acquario**. Immaturi e insofferenti verso i legami, si trovano spesso a dover vivere una vita affettiva complicata. Tuttavia la loro originalità, che talvolta assume anche toni molto accentuati, li rende idealisti e altruisti.

Insicure, timide e ricettive sono invece le persone nate con la Luna in **Pesci**. Per queste si potrebbe dire, nel vero senso della parola, che risentono delle fasi lunari! Anche se pigre e indecise, la loro grande fantasia le porta a desiderare di fuggire verso mondi immaginari e fantastici!

SEGRETO n. 6: la Luna, a seconda del segno in cui si trova, svela la vera natura e i desideri nascosti di chi stiamo esaminando. Nel Tema Natale di una donna ci parla della sua femminilità, mentre in quello di un uomo rivela il rapporto di questo con il femminile.

 Il Pianeta Mercurio

A questo punto, dopo aver compreso la vera natura emotiva e

sentimentale del tuo partner, potrai tornare più in superficie e cercare di scoprire anche qual è il suo modo di ragionare e di reagire agli stimoli intellettuali! Mercurio ti svelerà, infatti, il tipo di intelligenza, l'astuzia e la lucidità mentale della persona con cui dovrai relazionarti.

La posizione di questo pianeta, governatore del segno dei Gemelli, va quindi a influenzare la mentalità dell'individuo, indipendentemente dalla posizione in cui si trova il Sole. Ciò significa che il modo di pensare di un certo segno può non sempre corrispondere alla realtà di chi possiede Mercurio in un segno diverso.

Proprio a causa della dualità del segno dei Gemelli, in cui Mercurio ha il domicilio, questo Pianeta rappresenta un po' anche l'unione delle energie del Sole e della Luna. Non a caso esso ci parla di scambi, relazioni sociali, comunicazioni o, più semplicemente, di pensiero. Infine, dal punto di vista simbolico, Mercurio rappresenta la figura fraterna maschile, un amico giovane o un figlio. Ma vediamo meglio.

Significato del pianeta Mercurio nei segni

Mercurio in **Ariete** ti parla di una persona sicura di sé che non ama perdersi nei dettagli e che è quindi dotata di un pensiero e un'azione velocissimi! In genere, avrai a che fare con qualcuno che reagisce molto rapidamente agli stimoli e che comunica anche molto velocemente!

Se invece Mercurio staziona nel segno del **Toro,** avrai a che fare con una persona più "terrena", concreta, amante dei piaceri e che si interessa molto volentieri alla buona gastronomia e al sesso! Inoltre, chi è influenzato da questa posizione, ha il pregio di avere tatto e buon gusto, anche se talvolta rischia di esprimersi con lentezza, apparendo così un pò noioso!

Mercurio in **Gemelli** diventa invece spregiudicato, estroverso e vivace. La persona sarà quindi caratterizzata da notevole savoir-faire e avrà una mente pronta e veloce! Attenzione però! Queste persone rischiano di annoiarsi facilmente e sono quindi portate a cambiare spesso situazione, sempre alla ricerca di novità che le stimolino mentalmente!

Con Mercurio in **Cancro**, avrai a che fare con una persona molto sensibile, fantasiosa e intuitiva. Ti accorgerai che essa ama comunicare soprattutto attraverso le emozioni e i sentimenti, i quali tendono a guidare la sua mente molto più della ragione! Tuttavia, anche se di natura pacifica, coloro che sono influenzati da questa posizione rischiano, a volte, di apparire suscettibili!

Con Mercurio in **Leone** troverai persone solari, sicure e ottimiste. Questi soggetti amano essere notati, ascoltati e pensano di imporre le proprie idee agli altri con discorsi sempre molto affascinanti. Dotati inoltre di grande spirito di iniziativa, rischiano però di mostrarsi arroganti, superficiali e presuntuosi.

Le persone che hanno Mercurio in **Vergine** sono dotate di una mente concreta e critica. Costantemente attente, logiche e razionali, hanno sempre bisogno di conoscere tutto, fin nei minimi dettagli!

Mercurio in **Bilancia** dona una mente aperta, comprensiva e diplomatica. La persona che stai osservando si mostrerà molto sensibile all'aspetto estetico delle cose e delle persone, inoltre il suo modo di parlare sarà affascinante, gentile e convincente!

Al contrario, quando si trova in **Scorpione**, Mercurio agita la mente di queste persone, che resta però caratterizzata da un'intelligenza intuitiva, profonda e interessata agli aspetti misteriosi e nascosti della vita. Si tratta in genere di soggetti pacifici che però meditano vendetta se provocati!

Mercurio in **Sagittario** dona una menta aperta e ci parla di soggetti che adorano viaggiare, guardare lontano e conoscere culture e tradizioni diverse dalle proprie. Queste persone, oneste e ottimiste sono inoltre molto attratte dal pensiero filosofico e religioso.

In **Capricorno,** l'influenza di Mercurio crea persone ambiziose e razionali, che comunicano poco o con difficoltà. Questi soggetti sono generalmente molto attratti dal successo, sia nel lavoro che nella vita. Per questo motivo attribuiscono notevole importanza all'immagine e alla posizione sociale.

Mercurio in **Acquario** è tipico di quelle persone progressiste e originali, dotate di un pensiero eccentrico e fuori dal comune. I soggetti interessati da questo aspetto preferiscono lottare per un ideale piuttosto che per lavoro, famiglia o denaro. Di natura fredda e distaccata, hanno tuttavia un particolare savoir-faire che li rende cordiali e amichevoli.

Infine, se il pianeta si trova in **Pesci,** ci troveremo di fronte a persone fantasiose e spirituali, dotate di grande intuizione ed empatia. Tuttavia, il loro pensiero, poco pratico e facilmente influenzabile dagli altri, li porta spesso ad affrontare la realtà in modo confuso e a offuscare la ragione con i sogni!

SEGRETO n. 7: Mercurio indica la mente e il pensiero delle persone che va a influenzare, indipendentemente dalla posizione in cui si trova il Sole.

 Il Pianeta Venere
Dopo aver osservato i sentimenti (Luna) e la mente (Mercurio) della persona che vuoi sedurre, dovrai adesso andare a scovare un altro aspetto importantissimo! Venere, pianeta dell'amore e

governatore del segno della Bilancia, ti parlerà del modo di amare di quella persona, qualunque sia la posizione del suo Sole!

Attraverso l'analisi di questo pianeta potrai dunque arrivare a scoprire la disponibilità del tuo partner ad aprirsi nei tuoi confronti!

Particolare attenzione deve essere prestata a Venere se si ha intenzione di conquistare una donna, trattandosi di un pianeta con connotazioni tipicamente femminili. Tuttavia, la stessa attenzione è d'obbligo anche nel caso in cui si tratti di un uomo, visto che una parte femminile, anche se minima, esiste anche in ciascuno di essi.

Questo astro simboleggia il fascino, l'armonia, la bellezza, il principio di attrazione e il contatto affettivo con il mondo esterno. Ci parla dell'oggetto dei nostri desideri, dell'amante donna, della sorella più giovane e del sesso femminile in generale.

Significato del pianeta Venere nei segni
Anche Venere, come tutti gli altri pianeti, trasforma i propri effetti

a seconda del segno in cui si trova.

Se lo trovi in **Ariete** avrai di fronte una persona focosa e ardente, soggetta ai colpi di fulmine e quindi portata a fare il primo passo: praticamente una persona che ama conquistare ed essere conquistata, ma che soprattutto non vuole perdere tempo!

Chi è influenzato da questo aspetto, che rende inoltre possessivi e testardi, rischia spesso di affrontare il matrimonio in modo precipitoso, con tutte le conseguenze immaginabili!

Se Venere si trova in **Toro**, abbiamo di fronte persone esigenti, gelose e possessive, che amano la bellezza fisica e tutti i piaceri della vita! Di natura tendenzialmente affascinante, questi soggetti hanno un prepotente bisogno di amare ed essere amati. Ottima chance per la conquista: una cena a lume di candela in un locale chic o un cocktail al tramonto!

In **Gemelli** Venere ci parla di persone vivaci comunicative e spontanee che amano frequentare tanta gente, anche con caratteristiche molto diverse tra loro. Tieni presente che questi soggetti tendono a mettere sullo stesso piano amore e amicizia. In loro prevale, infatti, più il gusto del "flirt" che la relazione stabile.

Se Venere si trova nel segno del **Cancro**, la persona sarà affettuosa, dolce e romantica, con un grande bisogno di tenerezza da dare e da ricevere. Per la conquista, dunque, via libera alle coccole! Tuttavia, anche se timide ed emotive, le persone interessate da questo aspetto, lasciano largo spazio alla possibilità di realizzare legami segreti!

Se Venere si trova nel segno del **Leone**, stai osservando una persona sincera e focosa che fa di tutto per stare al centro dell'attenzione del proprio partner, non tollerando ombre e gelosie! Essendo inoltre anche molto vanitosa, ama essere corteggiata soprattutto con regali costosi!

Nel segno della **Vergine**, Venere ti mostrerà una persona timida, riservata e poco espansiva, soprattutto nel rapporto sessuale, in quanto, per lei, la ragione prevale sui sentimenti. Questa cercherà di programmare il rapporto con te in modo molto rigido, dovendo avere sempre tutto sotto controllo! Quindi attenzione! Non lasciare mai il telefonino incustodito!

Venere in **Bilancia** ti farà conoscere una persona raffinata, elegante, affettuosa e romantica. Per questa, l'amore è una delle cose più importanti della vita e si impegnerà a costruire un rapporto equilibrato e piacevole, all'insegna dell'armonia. Se riuscirai a viaggiare sulla sua stessa lunghezza d'onda, il successo è assicurato!

Ma il vero conquistatore dello zodiaco ha Venere in **Scorpione**, che gli conferirà un forte magnetismo personale abbinato anche a una giusta tecnica seduttiva. Di natura possessiva e profonda, questa persona si mostrerà passionale e misteriosa. Inoltre, amando molto gli intrighi amorosi, con lui/lei sarà necessario inventare di volta in volta i più fantasiosi giochi sentimentali!

Se vuoi fare colpo su una Venere in **Sagittario**, potrai invece tranquillamente rivolgerti a un'agenzia di viaggi, proponendo al tuo partner una vacanza avventurosa in luoghi esotici. Stiamo, infatti, parlando di persone che amano viaggiare, sia con il corpo che con la mente. Gioiose, esuberanti e generose, tendono a vedere sempre il lato migliore delle cose!

Se Venere si trova nel segno del **Capricorno**, la natura amorosa dell'oggetto dei tuoi desideri sarà piuttosto fredda e riservata, con pochi slanci ed entusiasmi. Ma c'è una possibilità: progettare un futuro insieme con l'idea di metter su famiglia. Sarà la carta vincente da giocare in extremis!

Venere in **Acquario** è invece difficilissima da "acchiappare", vista la natura indipendente di questo segno! Questi soggetti tendono, infatti, a manifestare molta insofferenza rispetto a qualsiasi tipo di legame, soprattutto se opprimente! Si tratta tuttavia di persone fedeli, portate talvolta a idealizzare la persona amata.

In questo caso devi sapere che con loro gli scambi intellettuali sono sicuramente più graditi di quelli sentimentali. Quindi, cerca di sfoderare tutta l'originalità di cui disponi per evitare fughe noiose!

Infine, se Venere si trova in **Pesci**, avrai di fronte una persona romantica e disposta a dedicarsi totalmente a te. Si mostrerà però timida e priva di energia e combattività. Cerca quindi di stimolarla con tanta dolcezza e tatto.

Tieni infine presente che, ma questo riguarda soprattutto gli uomini, c'è la tendenza a tenere in piedi due affetti contemporaneamente!

SEGRETO n. 8: Venere è il pianeta dell'amore ed esprime il modo di amare di una persona e il contatto affettivo con il mondo esterno.

♂ Il Pianeta Marte

Rappresentando principalmente il sesso, nonché l'amante maschile, Marte è da prendere in considerazione soprattutto se vuoi conquistare un uomo, in quanto esprime il significato di forza e virilità!

Tuttavia non va trascurato anche nel caso in cui oggetto del tuo "studio" sia una donna, per la quale rappresenta l'immagine interiore che essa ha dell'uomo ideale!

Per l'Astrologia tradizionale Marte è il pianeta della guerra e dell'aggressività, intese soprattutto come espressione di noi stessi. Rappresenta inoltre la volontà, lo slancio vitale, l'energia e la passione. Tagliente, infiammabile ed esplosivo, questo pianeta governa il segno dell'Ariete e parla anche di affermazione, determinazione e istintività.

Significato del pianeta Marte nei segni
In **Ariete** Marte conferisce a chi ti interessa un carattere autoritario ed energico, pieno di audacia e sicurezza di sé. Gli uomini saranno passionali e cacciatori, disposti a combattere per conquistare il loro obiettivo.

Per quanto riguarda le donne, invece, il pianeta fa sì che queste non esitino a prendere per prime l'iniziativa e subiscano il fascino di uomini forti e virili!

Nel segno del **Toro** Marte rende i diretti interessati possessivi e gelosi. Con loro il sesso sarà sempre accompagnato da grande affetto e tenerezza, pur prevalendo una forte sensualità e una notevole carica sessuale!

Le donne, in particolare, saranno attratte dalle trasgressioni e vorranno essere dominate, anche se poi negli uomini cercheranno soprattutto solidità e sicurezza!

Nei **Gemelli** Marte rappresenta la volontà incostante, anche se molto razionale. L'uomo ama conquistare la donna attraverso la propria simpatia e intelligenza, ma vive un rapporto sessuale spesso caratterizzato da prestazioni rapidissime!

La donna prova invece un'attrazione sessuale superficiale e curiosa che la spinge alla ricerca di nuove esperienze, soprattutto di uomini spiritosi e brillanti.
In **Cancro** la volontà di Marte diventa tenace ma nello stesso tempo emotiva, generando spesso un grande bisogno di protezione. La donna ama molto la dolcezza e rifiuta gli uomini virili e aggressivi, mentre l'uomo vive una sessualità con ritmi incostanti a seconda dei diversi stati d'animo.

Marte in **Leone** ti parlerà di persone che nel rapporto di coppia amano assumere la veste di fieri dominatori! Soprattutto per quanto riguarda gli uomini! Il sesso sarà sempre allegro, divertente e sano, caratterizzato soprattutto dalla tendenza a non riflettere molto sulla scelta del partner, che spesso si rivela casuale!

Le donne saranno invece molto passionali, calde, generose e cercheranno nell'uomo la potenza maschile primordiale! Attenzione! La fedeltà non è per questa combinazione!

Con Marte in **Vergine** sia gli uomini che le donne, pignoli e puntigliosi, vivranno una sessualità spesso controllata e molto influenzata dalla mente. Quella maschile, in particolare, può mancare di slancio e passionalità, mentre una criticità eccessiva renderà difficilissime le scelte delle donne, che rischiano di diventare pedanti e gelose!

Se il Pianeta si trova invece nel segno della **Bilancia**, i soggetti appaiono spontanei e facili all'innamoramento! Gli uomini si concedono talvolta avventure passeggere, senza mai però pregiudicare il matrimonio.

Le donne sono invece tendenzialmente fedeli e per loro il tradimento rischia di deteriorare lentamente il rapporto di coppia. Andranno quindi sempre alla ricerca di un partner affidabile!

In Scorpione **Marte** rende coraggiosi, ribelli e dotati di tanta energia. Dal punto di vista sessuale la passione si manifesta senza tabù e talvolta si spinge oltre i limiti! Per questo forte impulso sessuale, l'uomo si rivela veloce negli approcci mentre la donna predilige gli uomini trasgressivi.

Marte in **Sagittario** ti mostra persone buone e nobili di cuore. Sessualmente non si riscontrano prestazioni eccezionali: l'erotismo è tendenzialmente blando e si accende leggermente alla presenza di una qualche "novità", per spegnersi però a conquista avvenuta! L'uomo è, infatti, molto rapido e la donna è attratta da uomini atletici e viaggiatori avventurosi.

Se si trova nel segno del **Capricorno**, Marte dona un carattere forte, tenace e un grande senso di responsabilità. Dal punto di vista seduttivo, la scarsa fantasia genera però la tendenza a "andare subito al sodo"!

L'uomo è generalmente dotato di una forte carica sessuale, che tiene sotto controllo finché non è sicuro di riuscire nel suo intento! Le donne, invece, vanno alla ricerca di uomini virili, dominatori e di potere.

Lo stesso pianeta, quando si trova in **Acquario,** rende le persone originali e molto determinate nella conquista di un obiettivo! Entrambi, uomini e donne, sono dotati di uno spirito libero e un grande amore per le novità. L'uomo, infatti, pur non essendo dotato di una forte carica sessuale, vede il sesso come un'attraente curiosità! Per conquistare una donna punta, infatti, tutto sulla sua intelligenza! La donna, tendenzialmente fedele ma non troppo rigida, è invece attratta da uomini sfuggenti e brillanti, mentre non ama quelli troppo appariscenti.

Infine, Marte in **Pesci** procura timidezza, introversione ed emotività, rendendo così i soggetti interessat,i particolarmente propensi alle passioni segrete.

La donna, fondamentalmente romantica, va alla ricerca di uomini apparentemente deboli e fragili, mentre l'uomo, che ama i giochi erotici e le donne molto femminili, punta tutto sulle sue capacità seduttive, piuttosto che sulle reali prestazioni virili!

SEGRETO n. 9: Marte è il pianeta della guerra e rappresenta lo slancio vitale, la passione, l'amante maschile e, per le donne, l'immagine che esse hanno dell'uomo ideale.

Devo dire che, arrivato a questo punto, puoi già iniziare a tracciare un primo profilo della personalità del tuo futuro partner. Il Sole, l'Ascendente e i Pianeti finora esaminati ti hanno infatti svelato alcuni importanti aspetti del suo carattere che ti aiuteranno a impostare una prima strategia comportamentale di seduzione!

Sapendo, infatti, con chi hai a che fare, quali sono i suoi gusti, i suoi sentimenti, il suo modo di amare e di sedurre, puoi già tentare un primo approccio, il quale, grazie anche alla tua giusta intuizione, alle tue potenzialità e al tuo carattere, ti permetterà di cominciare a intascare parte del successo!

Una mia esperienza con l'Astrologia: come ho aiutato Chiara a conquistare il suo partner

Quando Chiara ha conosciuto Dario è stato per motivi di lavoro. Dopo aver stretto amicizia con lui, su mio suggerimento si è subito attivata per cercare di entrare in possesso dei dati relativi alla sua ora e data di nascita.

Con molta semplicità, davanti a un caffè, è riuscita a ottenere quello che voleva e, poco tempo dopo, è stata in grado di realizzare il Tema Natale di Dario, acquisendo così una prima idea della persona che intendeva conquistare!

Ha iniziato dapprima a studiare attentamente il segno zodiacale dell'oggetto dei suoi desideri, per poi passare all'ascendente. Dario era uno scorpione ascendente vergine! In quanto tale, ero sicura che avrebbe osservato Chiara molto attentamente prima di esporsi! Questo è, infatti, tipico dello Scorpione!

L'ho dunque invitata a curare di più il suo aspetto, soprattutto su quei dettagli legati alla femminilità, tanto cari a questo segno! Inoltre, a causa dell'ascendente Vergine, ero sicura che Dario avrebbe fatto di tutto per non scoprirsi immediatamente!

Ho quindi suggerito a Chiara di tenersi alla giusta distanza di sicurezza, senza invadere troppo la sfera personale di lui, ma quando si è resa conto che poteva farlo, ha iniziato a stuzzicare la sua indole "scorpionica" di conquistatore! Per ora mi fermo qui... poi vi racconterò come è andata a finire!

RIEPILOGO DEL CAPITOLO 2:

- SEGRETO n. 5: anche il valore delle influenze prodotte dagli altri Pianeti, così come abbiamo visto per il Sole, fornisce ulteriori spunti utili e necessari a continuare l'analisi del Tema Natale. Queste nuove informazioni dovranno quindi integrare il significato tipico del Segno in cui i Pianeti si trovano.
- SEGRETO n. 6: la Luna, a seconda del segno in cui si trova, svela la vera natura ed i desideri nascosti di chi stiamo esaminando. Nel Tema Natale di una donna ci parla della sua femminilità, mentre in quello di un uomo rivela il rapporto di questo con il femminile.
- SEGRETO n. 7: Mercurio indica la mente ed il pensiero delle persone che va ad influenzare, indipendentemente dalla posizione in cui si trova il Sole.
- SEGRETO n. 8: Venere è il pianeta dell'amore ed esprime il modo di amare di una persona e il contatto affettivo con il mondo esterno.
- SEGRETO n. 9: Marte è il pianeta della guerra e rappresenta lo slancio vitale, la passione, l'amante maschile e, per le donne, l'immagine che esse hanno dell'uomo ideale.

CAPITOLO 3:
Come interpretare il significato dei Pianeti lenti nella lettura del Tema

I Pianeti Lenti, chiamati così perché impiegano in genere uno o più anni a compiere l'intero giro del cerchio zodiacale ti aiuteranno, in modo diverso, a completare la tua indagine sul Tema della persona che ti interessa.

Questi astri, in particolare Saturno, Urano, Nettuno e Plutone, rivestono notevole interesse per quegli astrologi che si occupano di previsioni di tipo "generazionale", ovvero previsioni che riguardano intere generazioni di persone.

Infatti, con le loro energie, questi Pianeti sono in grado di produrre effetti che si ripercuotono sull'intera popolazione vivente in un particolare momento storico su un determinato punto del pianeta.

Prima di proseguire oltre devo però fare una precisazione. Per i motivi che ho appena citato, ti accorgerai che le caratteristiche di ciascuno di questi Pianeti, così come anche gli effetti prodotti dalla loro sosta in ogni Segno, sono meno interessanti dal nostro particolare punto di osservazione.

Tuttavia, per completezza, ritengo di dovertene ugualmente parlare, anche perché gli effetti da questi prodotti si riveleranno invece di primaria importanza nel caso in cui andranno a formare aspetti con gli altri Pianeti che hai imparato a conoscere.

Cercherò, quanto più possibile, di mettere in risalto le caratteristiche che interessano maggiormente la nostra indagine. Andiamo quindi a vedere, dal nostro punto di vista, quali sono gli ulteriori aspetti da prendere in considerazione.

SEGRETO n. 10: i pianeti lenti vengono chiamati così perché stazionano in un segno per periodi superiori a un anno. Quelli più lenti, come Nettuno e Plutone, producono effetti che si ripercuotono su intere generazioni.

♃ Il Pianeta Giove

Governatore del segno del Sagittario, Giove è il pianeta dell'ottimismo, della fiducia, della ricchezza, della fortuna e, soprattutto, dell'abbondanza.

Per quanto riguarda noi, dovrai, tener presente che questo astro tende a esagerare e accentuare le caratteristiche di ciascuno segno in cui si trova, oppure va ad aumentare gli effetti degli altri Pianeti con cui entra il relazione attraverso la formazione di aspetti.

Per esempio, lo spirito libero di una Venere in Acquario, in aspetto con Giove, sarà particolarmente accentuato dalla presenza di questo pianeta. Se poi l'aspetto è da considerarsi armonico, l'effetto che ne risulterà sarà a sua volta positivo. Al contrario, se l'aspetto è dissonante, l'effetto che ne deriverà sarà negativo!

Per tutto quanto il resto vi è infine da dire che, in quanto collegato all'espansione della coscienza, Giove aiuta a sviluppare una visione filosofica della vita e una grande apertura mentale. In senso negativo (se in cattivo aspetto) lo stesso Pianeta stimola invece l'ottimismo cieco e l'esagerazione, nonché, talvolta, predispone i soggetti d eccessi di ogni tipo.

Dal punto di vista simbolico, questo Pianeta, di natura maschile, rappresenta l'autorità, la legge, l'economia e i lunghi viaggi.

Effetti di Giove nei segni
Se lo trovi in **Ariete**, oltre ad accentuare l'"altra velocità" dell'approccio amoroso, tipica di questo segno, ti parlerà di persone positive, con una mentalità aperta e molto sicure di sé! Dotate inoltre di grande spirito di avventura, per queste persone l'amore per la libertà è fondamentale, anche se talvolta viene espresso in modo egoistico!

In **Toro** Giove aumenta l'amore per la vita, per il buon cibo e, di conseguenza, per i piaceri erotici. Inoltre, la sua grande generosità fa sì che le persone interessate da questo aspetto provino anche grande piacere a vedere gli altri divertirsi. Inoltre, questa posizione tende ad amplificare la naturale gelosia del Toro!

Quando staziona in **Gemelli** Giove trasforma la naturale brillantezza mentale del segno in irrequietezza! Cambi repentini di opinione ed eccessiva versatilità fanno sì che a volte l'eccessivo entusiasmo porti la persona a distrarsi dall'obiettivo principale. Non sono rari, infatti, i casi in cui i soggetti riescono a perdere interesse per una persona dopo averla tormentata all'infinito!

In **Cancro** la sfera dell'emotività risulta particolarmente accentuata, per cui, le persone interessate da questa posizione di Giove, ameranno trascorrere molto tempo tra i piaceri della casa e della vita familiare. Inoltre, la grande generosità di questo pianeta va ad amplificare la già spiccata empatia typical del segno e il senso di protezione per chi si trova in difficoltà.

Quando si trova in **Leone**, Giove aumenta il "ruggito" di questo segno! Il suo tipico amore per l'eleganza si trasforma, in questo caso, nella pretesa, rispetto alla persona amata, di una notevole dose di classe, soprattutto nell'abbigliamento! Inoltre, rappresentando Giove l'espansione, se gli aspetti risultano dissonanti, puoi veder prevalere una tendenza verso l'autocompiacimento!

In positivo ti troverai invece di fronte a persone intelligenti, ambizione ed estroverse, che amano vivere intensamente ogni singolo giorno della loro vita! Inoltre questi soggetti saranno generosi, rispettosi della tradizione e leali con la persona amata!

In **Vergine** Giove, incoraggiando l'espansione, fa emergere ancora di più il senso critico tipico del segno, rischiando così di generare conflitti e apprensioni con la persona amata. I soggetti, spesso carenti di fiducia in se stessi, andranno alla ricerca spasmodica di qualsiasi tipo di miglioramento personale. Inoltre trovando difficoltà nell'esprimersi a parole, saranno molto abili nel riportare i propri pensieri per iscritto!

In **Bilancia** lo stesso Pianeta ti mostrerà soggetti simpatici e affascinanti, dotati di una spiccata cordialità e portati a elargire larghe manifestazioni d'affetto! L'abbondanza di Giove farà inoltre sì che queste persone siano molto attratte dalla lussuria, apparendo eccessivamente pretenziose e poco amanti della solitudine! Gli uomini mostreranno, infatti, dipendenza, mentre le donne avranno sempre una gran quantità di amore e affetto da donare al partner!

In **Scorpione,** Giove ti mostrerà soggetti dotati di una forte intensità magnetica e una potente sensualità! Ambiziosi, aggressivi e orgogliosi, questi amano vivere la vita con pienezza e senza mezze misure! Inoltre, per sentirsi realmente realizzati, hanno bisogno di lasciarsi coinvolgere da ogni situazione!

Giove in **Sagittario** regala invece entusiasmo, generosità e tanta voglia di vivere, oltre ad accentuare il grande amore per i viaggi, tipico del segno! I soggetti interessati da questa influenza mostrano inoltre uno spiccato senso della giustizia e sono dotati di un'ottima parlantina che li trasforma talvolta in grandi oratori.

Attenzione però, questo eccessivo ottimismo rischia a volte di essere esasperato fino al punto di perdere la lucidità nelle decisioni da prendere!

In **Capricorno** Giove incoraggia l'estroversione e spinge le persone verso una sorta di amore per le sfide! Altre volte, invece, aumentando il realismo, priva i soggetti di iniziativa e li rende pessimisti! Con questa posizione, potrai avere a che fare, a seconda degli aspetti, sia con persone gentili e riflessive, che con altre ambiziose e ostinate. Fortunatamente il vivace senso dell'umorismo del Pianeta prevale spesso in modo imprevedibile!

Con Giove in **Acquario** la naturale originalità del segno, così come il grande desiderio di indipendenza, aumenteranno notevolmente! Avrai, infatti, il piacere di scoprire persone intuitive e altruiste, caratterizzate per lo più da una mente aperta e una spiccata immaginazione!

Sempre circondati da tanti amici e conoscenti, per loro la vita sociale è molto importante. Inoltre la naturale umanità e propensione verso il prossimo, con l'ausilio di Giove spesso si trasforma in filantropia! Tuttavia, nonostante la presenza di Giove, il segno dell'Acquario rende questi soggetti, a volte, freddi, distaccati e poco sentimentali.

Quando staziona in **Pesci**, Giove rende le persone gentili, comprensive, sensibili e dotate di un spirito compassionevole e saggio. Le donne, in particolare, si mostrano abili ascoltatrici in grado di costruire ottimi rapporti con gli altri.

Questa posizione accentua inoltre il livello emotivo personale, così come anche l'intuito, e questo fa sì che i soggetti interessati riescano sempre a percepire tutto ciò che li circonda.

SEGRETO n. 11: Giove è ottimismo, ricchezza, fortuna e abbondanza. Esso tende a esagerare e accentuare le caratteristiche di ciascun segno.

Il Pianeta Saturno

Governatore del segno del Capricorno, Saturno impiega circa trent'anni per compiere l'intero giro del Cerchio Zodiacale. È il pianeta della saggezza, del rigore e della perseveranza.

Dal nostro punto di vista potrebbe essere preso in considerazione come "campanellino d'allarme" che anticipa un duro lavoro da compiere sulla persona che vorrai conquistare! Soprattutto nel caso in cui l'astro si trovi in un settore cruciale del Tema, come per esempio, una quinta o una settima casa, oppure quando crea aspetti collegati a uno di questi settori!

Inoltre, nel Tema di una donna, a seconda della posizione che va a occupare, può anche preannunciare l'incontro con un uomo maturo o più grande.

Saturno staziona in un segno circa due anni e mezzo e la sua analisi ci porta a riconoscere quali possono essere le maggiori opportunità per raggiungere i nostri scopi. Altre volte ci aiuta invece a capire come impostare nel modo migliore la nostra vita e il nostro destino.

Per l'Astrologia tradizionale, Saturno rappresenta l'autosufficienza, la razionalità, la solitudine, ma anche la concentrazione e la profondità di pensiero.

La sua posizione nel Tema di Nascita di una persona indica inoltre le difficoltà che questa dovrà superare nel corso della vita, gli obblighi, le responsabilità e i problemi che potrà incontrate durante il proprio percorso, ma che saranno necessari per completare la propria evoluzione personale.

Ancora, questo Pianeta così austero, ci parla di fatica, di sacrifici e di necessità alle quali non è possibile sottrarsi, e simboleggia, in genere, i nonni, i saggi, gli anziani e i malati.

Effetti di Saturno nei segni
Quando lo troviamo in **Ariete**, a causa dei conflitti interiori che questo pianeta genera, la persona si presenta ambiziosa a tratti, portata ad alternarsi tra determinazione e rinuncia. Purtroppo questo stato d'animo altalenante risulta spesso legato anche una scarsa fiducia in se stessi e nelle proprie capacità.

In **Toro** Saturno ci mostra persone dotate di grande spirito di osservazione, le quali non agiscono impulsivamente ma studiano a fondo ogni decisione da prendere. Questa caratteristica priva però i soggetti della giusta flessibilità di pensiero e li rende piuttosto disinteressati alla sessualità.

Quando staziona nel segno dei **Gemelli**, Saturno blocca la naturale superficialità del segno e dona profondità e introversione. Tuttavia, anche se queste sono considerate qualità positive, rischiano a volte di scoraggiare il soggetto nel perseguimento dei propri obiettivi. Questa fase si alterna, fortunatamente, anche a momenti di distacco e vivacità della persona.

In **Cancro,** Saturno rischia di generare conflitti tra sensibilità e ragione, provocando introversione, frustrazioni e malinconia, che non permettono al soggetto di crescere. Inoltre le persone interessate da questa posizione risultano essere molto legate al passato e all'ambiente familiare.

Saturno in **Leone** rende invece le persone ambiziose e dominanti, anche se talvolta in modo eccessivo! Tuttavia, con questo pesante fardello, emerge il bisogno costante di essere riconosciuti e rispettati. Inutile dunque dire che il rapporto amoroso viene vissuto in modo squilibrato e frustrante!

In **Vergine**, Saturno regala una mente razionale e pratica, con grande attenzione al dettaglio, soprattutto nella cura della propria persona, tendente quasi sempre alla ricerca del perfezionismo. Le persone interessate da questo aspetto si distinguono infatti per una grande disciplina e senso del dovere.

Quando staziona nel segno della **Bilancia**, Saturno genera la tendenza a creare rapporti amorosi stabili e duraturi, con in più la consapevolezza che nella vita esistono impegni e obblighi che devono essere sempre rispettati! Tuttavia, questo significato viene completamente ribaltato se l'aspetto risulta negativo, e in questo caso il matrimonio non viene visto di buon occhio!

Lo stesso pianeta, quando si trova in **Scorpione,** fornisce un elevato senso di responsabilità e autocontrollo e genera sentimenti ed emozioni profonde che, però, non vengono fatte trasparire facilmente. Altre volte, se in aspetto negativo, le persone possono essere colpite da problemi psicologici o della sfera sessuale.

Quando Saturno si trova in **Sagittario**, i modi di fare dei soggetti interessati appaiono onesti e chiari, portati a difendere, anche a spada tratta, le proprie convinzioni. Il rapporto amoroso deve in questo caso essere vissuto nel modo più trasparente possibile, in quanto le persone risultano condizionate da un forte senso della giustizia.

Se staziona in **Capricorno**, Saturno dona un temperamento serio e deciso. Tuttavia, a causa della sovrapposizione dei due effetti, particolarmente rigorosi, soprattutto nel caso in cui l'aspetto risulti dissonante, le persone rischiano di apparire fredde e calcolatrici. Il rapporto amoroso è invece caratterizzato da fedeltà o, in negativo, da rigidità e gelosia.

In **Acquario**, Saturno dona una grande apertura mentale e una notevole predisposizione verso la tecnologia e il progresso. Tuttavia, la quasi totale assenza di emotività fa sì che il rapporto d'amore risulti privo di passione, mentre viene data più importanza ai rapporti di amicizia.

Infine, anche quando **Saturno** staziona nel segno dei Pesci, gioca un brutto scherzo alla sensualità. È infatti facile riscontrare nei soggetti interessati un notevole distacco dai piaceri sessuali! Questi si mostrano spesso come persone sobrie che spesso approfittano della propria timidezza e indecisione per non arrivare, volutamente, allo scopo!

SEGRETO n. 12: Saturno è saggezza, rigore, perseveranza, autosufficienza, razionalità e solitudine. Ci indica come impostare nel modo migliore la nostra vita e il nostro destino.

Il Pianeta Urano

Urano, governatore del segno dell'Acquario, è il pianeta che rappresenta l'originalità, l'eccentricità, il progresso e la ricerca. Ma è anche il pianeta del cambio improvviso e della ribellione.

In genere il temperamento "uraniano" è tipico di tutte quelle persone un po' particolari, come i geni, gli inventori e i contestatori.

La sua analisi ci aiuta a capire, anche tecnicamente, il tipo di sistema nervoso di una persona, e la sua posizione rivela inoltre quale potrebbe essere la reazione di quella persona di fronte a un cambiamento.

Effetti di Urano nei segni

Quando Urano si trova nel segno dell'**Ariete** avremo a che fare con persone esuberanti, indomabili e di indole altalenante. Queste persone si riveleranno totalmente innamorate di ogni tipo di cambiamento!

In **Toro,** invece, Urano tende a rifiutare ogni tipo di cambiamento. Nello stesso tempo dà, a chi ne è coinvolto, una solida certezza sulla strada da intraprendere, così come una grande volontà per superare gli ostacoli. Vi è tuttavia la tendenza a cercare di imporre agli altri le proprie idee.

Se il Pianeta si trova in **Gemelli**, le persone coinvolte da questa posizione si riveleranno furbe e curiose anche se, a causa dell'"elettricità" di questo astro, talvolta le discussioni da loro intavolate rischiano di prendere un brutta piega! Dal punto di vista delle relazioni interpersonali, bisogna invece riconoscer loro una grande capacità di costruire rapporti originali ed emancipati!

Quando si ferma nel segno del **Cancro**, Urano genera un umore variabile e capriccioso. Infatti, anche se le persone in questione sono irresistibilmente attratte dalla vita domestica e dalla sicurezza familiare, tendono poi a demonizzare proprio quella che è la "struttura" familiare!

In **Leone** Urano rende arroganti ed esigenti, ma anche ardenti e cocciuti, soprattutto nelle relazioni amorose che scoppiano improvvisamente, come un colpo di fulmine, ma poco dopo vengono troncate rovinosamente!

Anche quando staziona in **Vergine,** Urano rende le persone ribelli e stravaganti. In questo caso i soggetti si distingueranno per una mania quasi ossessiva per la precisione e l'ordine, soprattutto per quanto riguarda la cura della persona.

Nel segno della **Bilancia**, invece, Urano rende i diretti interessati molto fantasiosi e attratti soprattutto dalle persone e dalle situazioni fuori dal comune. In questo caso i cambiamenti non preoccupano più di tanto, specie se affrontati con accanto la persona del cuore.

Le persone con Urano in **Scorpione** sono invece molto

carismatiche e intuitive, con una grande forza di volontà che permette loro di affrontare i cambiamenti in modo consapevole. Grazie a questa posizione è facile incontrare soggetti particolarmente anticonformisti dal punto di vista sessuale!

Le persone con Urano in **Sagittario** sono ottimiste e piene di aspirazioni. Non a caso amano molto i viaggi e i cambiamenti, che rappresentano per loro una ragione di vita!

Anche con **Urano** in Capricorno il cambiamento viene visto in modo costruttivo, ma qui le persone risultano essere ambiziose e metodiche, molto individualiste e dotate di una grande volontà di affermazione!

Anche quando staziona in **Acquario**, suo domicilio, data la carenza di "sentimentalità" di questo segno, i cambiamenti non spaventano affatto, bensì vengono affrontati con entusiasmo!

Infine, quando si trova in Pesci, **Urano** dona una grande fantasia, che rende i soggetti poco determinati e carenti di volontà. Tuttavia emerge in queste persone una grande sensibilità percettiva dell'extrasensoriale, tipica degli astrologi!

SEGRETO n. 13: Urano è originalità, eccentricità, progresso, cambiamento improvviso e ribellione. Ci indica la possibile reazione di una persona di fronte a un cambiamento.

 Il Pianeta Nettuno

Governatore del segno dei Pesci, Nettuno rappresenta l'intuizione, la spiritualità e l'immaginazione. È inoltre il pianeta dell'illusione, dell'introspezione, e conferisce compassione e sensibilità.

Questo pianeta ci parla, ancora, di solitudine, di cambiamento interiore e di esoterismo. È infatti, associato all'alcool, alle droghe, alla confusione e al caos. Rappresenta i veggenti e i mistici.

Tuttavia, come già detto, stiamo parlando di un Pianeta con accenti tipicamente "generazionali" piuttosto che "soggettivi". Infatti, dal nostro punto di vista, la sua analisi ti aiuterà a comprendere la vera interiorità di chi ti interessa, in quanto collocata nel contesto sociale esistente al momento della sua nascita. Le mode e le tendenze sociali vigenti nel luogo e nel momento della nascita della persona, a cui è riferito il Tema Natale, potranno infatti ripercuotersi anche sul carattere della stessa.

Effetti di Nettuno nei segni
Se si trova nel segno dell'**Ariete**, Nettuno predispone la persona alla vita spirituale, anche se, il grande intuito che dona, rende a volte molto impulsivi e soggetti a cambiamenti di umore frequenti.

Al contrario, quando staziona in **Toro**, a causa dell'amore di questo segno per la natura e le comodità, può generare difficoltà e confusione nel gestire tali questioni, comprese quelle sensuali!

In **Gemelli** dona invece un'immaginazione fuori dal comune e una mente brillante, anche se tendente alla superficialità!

Se invece lo ritroverai in **Cancro**, Nettuno potenzierà la normale sensibilità di questo segno. I soggetti interessati, infatti, oltre ad apparire più osservatori e ricettivi, tendono anche a idealizzare qualunque cosa riguardi il passato e la famiglia.

Quando staziona in **Leone**, Nettuno genera la tendenza a vivere rapporti amorosi particolarmente confusi e stravaganti. Questa posizione tende inoltre a idealizzare l'amore, con il rischio di "fissarsi" sulle persone, senza rendersi conto di un eventuale possibile disinteresse!

In **Vergine** può invece rendere i soggetti ipocondriaci, con in più una gran dose di ansia e disordine nella gestione dei problemi quotidiani.

In **Bilancia** Nettuno mentre rende intuitivi e diplomatici nei rapporti interpersonali, può, invece, generare problemi nelle relazioni amorose in quanto, se stabili, queste non vengono viste di buon occhio!

Quando è in **Scorpione,** Nettuno rende emotivi ma contemporaneamente trasgressivi. In questo caso potrai riscontrare una notevole accentuazione del magnetismo personale!

Se si ferma in **Sagittario**, v'è un grande bisogno di evadere dagli schemi, per questo motivo le persone interessate sono spesso affascinate dagli argomenti mistici e filosofici.

In **Capricorno**, Nettuno rischia di rendere le persone eccessivamente autoritarie. Dona tuttavia nostalgia per il passato e una forte attrazione per le tradizioni.

Quando il Pianeta sta nel segno dell'**Acquario**, sarà invece facile riscontrare, nella persona, un'accentuata sensibilità per il bene comune e le riforme sociali.

Infine, nel segno dei **Pesci**, Nettuno provoca nei soggetti la perdita dei contatti con la realtà, confusione e disordine. Può inoltre condurre le persone verso forme di dipendenza di vario tipo.

Il Pianeta Plutone

Così come abbiamo visto accadere per Nettuno, le influenze personali di quest'ultimo pianeta, governatore del segno dello Scorpione, sono meno potenti rispetto a quelle dei pianeti più veloci. Ciò in quanto, restando in un segno per circa vent'anni, tende a influenzare più le masse che i singoli soggetti, tracciando così impronte diverse per ciascuna generazione di persone.

In Astrologia Plutone simboleggia la profondità interiore e la capacità di realizzare e concretizzare le nostre risorse creative. Ci parla quindi di trasformazione, ricerca, energia e dna. Rappresenta la morte, ma anche la rinascita, le cose segrete, le psicosi e le tensioni profonde.

Rappresentando infine tutto ciò che è animalità, distruttività e criminalità, l'energia di Plutone potrebbe essere in grado di far riemergere colpe, risentimenti, ossessioni e paure nascoste.

Significato di Plutone nei segni
Quando Plutone sta in **Ariete** la generazione sarà favorita dalla

presenza di personaggi determinati, impulsivi e ribelli, ma spesso ossessionati dalla conquista del potere.

Se si trova in **Toro**, invece, lo stesso Pianeta rende le persone sicure di sé e grandi lavoratrici.

Quando poi si sposta nel segno dei **Gemelli,** dona una mente sempre giovane abbinata a una grande eccitazione per le novità.

Per quelli nati con Plutone in **Cancro**, invece, la famiglia e la sicurezza, così come anche la nazione, rivestono un ruolo fondamentale.

Quando staziona in **Leone**, avremo a che fare con una generazione all'avanguardia, caratterizzata da grandi cambiamenti anche nel costume sessuale.

In **Vergine,** Plutone genera fenomeni di contestazione e rende i soggetti ossessionati dai dettagli e dalla ricerca della perfezione.

Quando Plutone si trova in **Bilancia**, stimola la ricerca

dell'equilibrio e l'interesse per l'arte, l'estetica e le relazioni sociali, dunque, il trionfo della diplomazia. In amore dona, infatti, un grande senso di condivisione.

Quando è transitato per il segno dello **Scorpione**, Plutone ha creato una generazione di persone dotate di un forte impulso sessuale, portate a vivere intensamente ogni istante della loro vita.

Per quelli che, invece, al momento della loro nascita, avevano Plutone in **Sagittario**, la libertà è fondamentale, ma sono protratti verso la ricerca di una fede o di una filosofia in cui credere.

In **Capricorno** dona, al contrario, una chiara visione della vita e orienta i soggetti verso obiettivi ben determinati.

Quando ha stazionato in **Acquario**, Plutone ha influenzato le generazioni con ideali indipendenti e progressisti, che hanno portato a forti cambiamenti sociali.

Infine, in **Pesci**, Plutone ha determinato la nascita di una generazione mistica e votata al sacrificio.

SEGRETO n. 14: Nettuno è intuizione, spiritualità e illusione, mentre Plutone è interiorità, trasformazione e rinascita. Sono entrambi pianeti "generazionali", nel senso che ci aiutano a comprendere ulteriori aspetti della persona che ci interessa, in quanto collocati nel contesto sociale esistente al momento della sua nascita.

RIEPILOGO DEL CAPITOLO 3:

- SEGRETO n. 10: i pianeti lenti vengono chiamati così perché stazionano in un segno per periodi superiori ad un anno. Quelli più lenti, come Nettuno e Plutone, inoltre, producono effetti che si riperquotono su intere generazioni.
- SEGRETO n. 11: Giove è ottimismo, ricchezza, fortuna e abbondanza. Esso tende a esagerare e accentuare le caratteristiche di ciascun segno.
- SEGRETO n. 12: Saturno è saggezza, rigore, perseveranza, autosufficienza, razionalità e solitudine. Ci indica come impostare nel modo migliore la nostra vita e il nostro destino.
- SEGRETO n. 13: Urano è originalità, eccentricità, progresso, cambiamento improvviso e ribellione. Ci indica la possibile reazione di una persona di fronte ad un cambiamento.
- SEGRETO n. 14: Nettuno è intuizione, spiritualità e illusione, mentre Plutone è interiorità, trasformazione e rinascita. Sono entrambi pianeti "generazionali", nel senso che ci aiutano a comprendere ulteriori aspetti della persona che ci interessa, in quanto collocati nel contesto sociale esistente al momento della sua nascita.

CAPITOLO 4:
Come si prospetta una relazione: le Case, gli aspetti, la Sinastria e i Transiti

A questo punto, torniamo a noi! Ora che hai compreso il significato di ogni Segno zodiacale, nonché gli effetti che ogni singolo Pianeta genera quando si trova in ciascuno di questi, potrai domandarti in quale settore della vita queste energie andranno a influire!

Per questo motivo, inizieremo ora a parlare delle Case, dove peraltro anche i Pianeti continueranno a esplicare i loro effetti, proprio come succede quando attraversano i diversi segni!

Come abbiamo detto, quindi, ogni Casa rappresenta un particolare settore della vita di un individuo. Infatti, nel loro significato, potrai scoprire che la prima Casa ha un qualcosa dell'energia dell'Ariete, la seconda somiglia un po' a quella del Toro, la terza ai Gemelli e così via, fino ad arrivare alla dodicesima, che corrisponderà, più o meno, al segno dei Pesci.

Nella maggior parte dei Temi Astrali, ti accorgerai però che le dodici case andranno a occupare Segni diversi rispetto a quelli che le caratterizzano. In questi casi, a seconda del Segno che ricoprono, saranno a loro volta influenzate anche dall'energia di quest'ultimo. Proprio così come abbiamo visto accadere per i Pianeti!

Tuttavia è chiaro che per motivi di completezza, ma anche per darti modo di avere un'idea generale di tutta l'Astrologia, sono costretta a parlarti di tutte le Case! Anche di quelle che non ci interessano direttamente!

Infatti, per quanto riguarda noi e quindi l'aspetto sentimentale-seduttivo, le case da prendere in considerazione sono soprattutto la quinta (vita mondana e avventure sentimentali), la settima (matrimonio e relazioni) e, se vogliamo, anche la prima o Ascendente, in quanto ci rivela come gli altri ci vedono! A mio parere ti consiglio comunque di "sbirciare" in ciascuna di esse, anche perché potresti captare messaggi inaspettati!

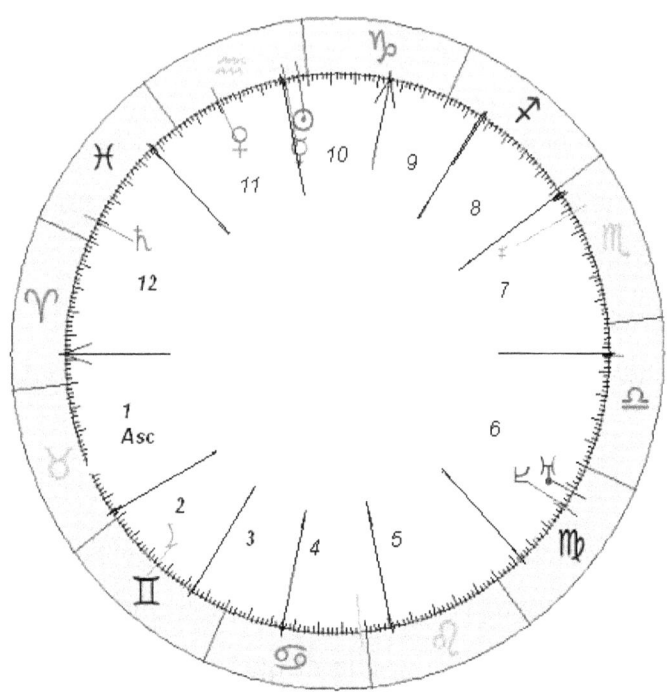

Immagine soggetta a copyright - http://www.astrologiainlinea.it

Nel grafico che ho riportato come esempio, ho evidenziato le dodici Case che non corrispondono esattamente al segno cui dovrebbero far riferimento ma, per esempio, la prima casa (Ascendente), inizia nel segno dell'Ariete ♈ (in questo caso la persona ha come ascendente l'Ariete) e termina nel segno del Toro. La seconda, inizia invece nel segno del Toro (anche se per poco) e termina nel segno dei Gemelli, e così via.

Per capire meglio il significato di ciascuna Casa, riferito al Tema Natale che ti interessa, dovrai infatti verificare qual'è il segno zodiacale con cui la Casa inizia. Questo punto particolare si chiama "cuspide".

Il significato generale delle dodici Case
Andiamo ora a vedere il significato proprio di ciascuna casa, indipendentemente dal segno che occupa.

La **prima casa**, caratterizzata dall'energia del segno dell'Ariete, coincide con quello che viene comunemente chiamato **"Ascendente"**. Questo rappresenta il temperamento di un individuo, la sua personalità e l'atteggiamento cha assume verso l'esterno. In pratica, corrisponde a come gli altri ci vedono!

In particolare la prima casa, o Ascendente, ci dà indicazioni su come vogliamo mostrarci agli altri, piuttosto che come realmente siamo! Non a caso l'energia dell'Ascendente prevale soprattutto durante la giovinezza, mentre l'energia del Segno zodiacale caratterizza, in genere, l'età adulta e matura.

La **seconda casa** corrisponde invece al denaro, alle rendite, alla finanza e alle proprietà personali e ci parla di come un individuo sarà in grado di gestire il proprio denaro o raggiungere l'indipendenza economica. Ma oltre a indicare l'attitudine a "guadagnarsi la vita", rappresenta anche il bagaglio di conoscenze, emozioni e tutti quei valori spirituali che potranno dare una direzione al nostro destino.

Passiamo ora alla **terza casa** che rappresenta la comunicazione, i rapporti con il prossimo e i parenti, in particolare l'influenza che fratelli o sorelle potrebbero avere sulla nostra vita. Sta inoltre a indicare il rapporto dell'individuo con lo studio e la comunicazione, più precisamente, il modo in cui la persona si esprime e la sua intelligenza.

La **quarta casa**, o Fondo Cielo, rappresenta invece la famiglia di origine e il focolare domestico. Attraverso la sua analisi è possibile capire la formazione che un individuo riceve dai genitori, la religione e i principi in cui crede. A seconda del segno in cui si trova, o in relazione ai pianeti che la occupano, questa casa può infine fornire informazioni sulle eredità, sulla prima fase della vita, sull'educazione e sulle tradizioni.

La **quinta casa** è quella della creatività e delle iniziative. Rappresenta inoltre l'attività sessuale, l'inizio del corteggiamento e il primo rapporto, nonché eventuali "avventure" fuori dal matrimonio, praticamente, il sesso inteso a livello più superficiale. Fornisce poi informazioni riguardo ai figli, alla vitalità e alla vita mondana in genere.

Esaminando la **sesta casa,** possiamo invece risalire alla quotidianità, al lavoro dipendente e alle relazioni con colleghi e subordinati. Questa casa ci parla inoltre della predisposizione di un individuo alle malattie non gravi e del suo stato generale di salute. Per finire, ci parla anche degli animali domestici.

La **settima casa**, comunemente chiamata "discendente", mostra il modo in cui un soggetto si proietta verso il proprio complementare o come si relaziona con gli altri. È la casa del matrimonio, dei contratti e delle associazioni, e rappresenta la maggiore o minore capacità del singolo di costruire relazioni durature, stabilità e sicurezza. In ultimo, a seconda dei pianeti che la occupano o degli aspetti che forma, la settima casa ci parlerà di eventuali nemici dichiarati!

La **casa ottava** viene indicata come la casa della morte e delle eredità materiali, ma anche della sessualità e della procreazione. Essa ci parla, a livello psicologico, di eventuali paure inconsce o esperienze con il paranormale. Riguarda inoltre le prove che una persona potrà affrontare nel corso della vita, nonché l'atteggiamento che questa tende ad assumere rispetto alle perdite e la capacità di rompere gli schemi e distaccarsi dalla massa.

La **nona casa** ci parla di aspirazioni filosofiche, religiose, mistiche o scientifiche di una persona. Ma è anche la casa dei viaggi in paesi lontani che permettono di ampliare la coscienza e la mente, nonché gli studi. Attraverso l'analisi di questa casa potremo capire i valori e le credenze di una persona, così come la carriera e gli studi che potrebbe seguire. Ci informa infine dei rapporti del soggetto con l'estero, o con gli stranieri in generale.

La **decima casa**, o Mezzo Cielo, è quella della professione, della carriera e del successo. Ci rivela il traguardo che una persona è in grado di raggiungere con i propri sforzi e le proprie ambizioni. In pratica è la casa della vocazione professionale, quella in cui l'individuo è coinvolto maggiormente anche a livello di ideali.

L'**undicesima**, è invece la casa delle amicizie, dei contatti sociali, del volontariato, dei progetti e dei desideri che insegue una persona. È, infatti, la casa della realizzazione dei propri sogni, e rappresenta la tendenza di ciascuno a identificarsi e a combattere per un ideale!

La **dodicesima casa** rappresenta le grandi prove da superare, la vita interiore, i ricordi e i pensieri che vengono fuori improvvisamente! Essa sta inoltre a significare la prigionia, l'esilio, la malattia, la solitudine, la vecchiaia e la fine della vita. Ci parla di nemici nascosti e di un'eventuale vita segreta della persona.

SEGRETO n. 15: ogni Casa rappresenta un settore di vita della persona. Ciascuna di esse è influenzata dal Segno in cui ha la cuspide (inizio della Casa) e dai Pianeti che la occupano. La prima Casa corrisponde all'Ascendente e rappresenta

l'atteggiamento che si assume verso il mondo esterno.

Come interpretare il significato delle Case quando occupano Segni diversi

Dunque, come avrai notato, ogni casa è in qualche modo legata a un proprio significato che le viene comunemente attribuito dall'Astrologia. Ma oltre a questo, che la rende tipica, dovrai scoprire anche quello che le deriva dal fatto di ricoprire un segno piuttosto che un altro.

E così, per esempio, potrai trovare una Prima Casa, o Ascendente (che per sua natura fa proprie le caratteristiche del segno dell'Ariete), che occupa invece il segno del Leone. Questo potrà significare, via esemplificativa, che il soggetto mostrerà una particolare propensione a mettersi al centro dell'attenzione e avrà sempre la tendenza a primeggiare in ogni situazione. Ciò in quanto la Prima Casa, o Ascendente, parla del modo in cui un individuo si pone nei confronti degli altri, mentre il segno del Leone ama mettersi in mostra!

Oppure, se la prima casa occupa il segno del Cancro, avrai a che fare con una persona che mostra al mondo di non essere per niente impulsiva, ma piuttosto timida e riservata!

Così come, per esempio, una Seconda Casa in Ariete, parlerà sì di denaro o patrimonio (significato tipico della seconda casa), ma potrebbe accadere che il soggetto manifesti la tendenza a spendere i soldi in modo istintivo o addirittura sconsiderato! L'istintività è, infatti, una caratteristica dell'Ariete!

Per fare un altro esempio, una Terza Casa nel segno dei Pesci renderà la persona molto più intuitiva che razionale. La terza casa parla infatti di intelligenza, mentre i pesci rappresentano, tra le altre cose, l'intuizione!

In questo modo, tenendo bene a mente il significato di ogni casa e contemporaneamente il significato di ciascun segno, potrai capire in che modo può essere influenzato quel particolare settore di vita, a seconda del segno in cui si trova la casa.

Ancora, una Quinta Casa (la casa delle avventure fuori dal matrimonio e della vita mondana) in Gemelli renderà il soggetto propenso a vivere contemporaneamente più avventure amorose con persone diverse!

Così come una Settima Casa (la casa del matrimonio e delle associazioni) in Bilancia, farà sì che la persona avrà ottime probabilità di gestire il proprio rapporto a due all'insegna dell'equilibrio e della dolcezza.

Come interpretare gli effetti dei Pianeti nelle Case
A questo punto, dopo aver compreso il significato di ogni singola Casa quando occupa uno qualsiasi dei dodici Segni, dovrai fare un ulteriore sforzo, perché dovremo tornare a parlare dei Pianeti, per vedere come anche gli effetti da questi prodotti siano in grado di influenzare le Case che andranno a occupare.

Finora hai, infatti, imparato a conoscere il significato che ogni singolo Pianeta acquisisce dal Segno in cui staziona, ma ora dovrai anche imparare a capire come quel tipo di energia, prodotto dal Pianeta e dal Segno, è in grado di influenzare quel particolare settore della vita che è descritto dalla Casa.

Facciamo un esempio. In un Tema Natale ti accorgerai che Giove occupa il segno della Vergine e, contemporaneamente, la Quinta Casa. Come tu sai, Giove in Vergine rischia di generare conflitti e apprensioni con la persona amata a causa della carenza di fiducia in se stessi, mentre la Quinta Casa parla delle storie o delle avventure che nascono prima o fuori dal matrimonio.

In questo caso potrai avere a che fare con una persona che, pur essendo molto innamorata del proprio partner (il grande affetto di Giove!), non è tuttavia in grado di vivere pienamente la sua storia a causa dell'eccessiva carenza di fiducia in se stessa.

Un altro esempio, più facile. Nel Tema Natale di riferimento (quello che ho riportato come esempio) c'è Giove in Cancro che occupa la Quarta Casa. Ora tu sai bene che Giove in Cancro genera un grande amore per la casa e per la famiglia, mentre la Quarta Casa rappresenta la famiglia di origine. In questo caso la persona avrà un ottimo rapporto d'affetto con i genitori, a cui sarà molto legata e con cui amerà trascorrere molto tempo!

Spero di essere stata chiara, ma anche questo tipo di analisi ti aiuterà a comprendere meglio in quali settori della vita si manifesteranno le energie di cui abbiamo parlato. Infatti, diverso sarà l'effetto generato da uno stesso Pianeta a seconda che si trovi in una Casa piuttosto che in un'altra!

Per esempio, Marte in Ariete, in Quinta Casa, darà un'enorme energia in campo sessuale, mentre sempre Marte in Ariete, in Sesta Casa, darà un'enorme energia sul lavoro. Quindi, la posizione è sempre la stessa, ma l'energia va a interessare settori di vita totalmente differenti!

Un'ultima annotazione. A volte troviamo delle Case "vuote", cioè senza Pianeti che le occupano. Questo può significare che il soggetto tende a ignorare quel particolare settore della propria vita oppure, al contrario, tende a fare grandi sforzi per riuscire proprio in quel settore!

Per capire meglio il significato di queste Case "vuote", potrai soffermarti di più sul semplice significato della Casa nel Segno che occupa. Oppure, potrai verificare gli aspetti che forma il Pianeta governatore del Segno in cui cade la cuspide (che corrisponde al grado zero) della Casa che ti interessa.

Nel Tema Natale preso come esempio, abbiamo, infatti, la Prima Casa o Ascendente, vuota. Dato che la cuspide di questa Prima Casa si trova in Ariete, dovremo quindi studiare il Pianeta governatore del segno dell'Ariete, che è Marte, e che si trova in Bilancia!

SEGRETO n. 16: anche i Pianeti influenzano le Case che occupano. Se le Case risultano "vuote", potrai soffermarti sul significato della Casa nel Segno che occupa o esaminare il Pianeta governatore del Segno in cui cade la cuspide della Casa che ti interessa.

Gli Aspetti planetari

Passiamo ora all'ultimo strumento che dovrai conoscere per completare definitivamente la tua analisi del Tema Astrale. Adesso che hai acquisito la giusta conoscenza dei Segni, dei Pianeti e delle Case, ti parlerò degli Aspetti planetari, ossia quel tipo di energia generata da Pianeti diversi quando si trovano a una particolare distanza tra loro o da altri punti cruciali del Tema

Astrale, quali l'Ascendente, il Fondo Cielo o le cuspidi delle Case.

Devo dire che gli Aspetti si riveleranno di primaria importanza soprattutto più avanti, quando ti parlerò della sinastria, ovvero dell'oroscopo di coppia. In questo caso ti consentiranno, infatti, di mettere in relazione, non già i Pianeti di un unico Tema Astrale, ma quelli di entrambi i Temi, in modo tale da scoprire le vere affinità e i punti di contatto tra te e l'altra persona!

Bisogna precisare, infatti, che tutti i Pianeti, oltre a essere analizzati singolarmente, richiedono un'attenzione ulteriore, in quanto le energie da essi prodotte si influenzano reciprocamente e si trasformano in positive o negative, a seconda della natura di ciascun Aspetto.

Ogni Aspetto è pertanto costituito dalla distanza, espressa in gradi, che separa un Pianeta, o un particolare punto del Tema Natale, da un altro. Ma vediamo meglio.

☌ La **Congiunzione** è l'aspetto che si forma quando due o più Pianeti occupano all'incirca gli stessi gradi del segno in cui si trovano o di segni contigui. Per essere più precisi, bisogna dire che, affinché si configuri una Congiunzione, i Pianeti possono essere distanti tra loro non più di 10 gradi (tieni presente che ogni segno è formato da 30 gradi).

Le congiunzioni possono essere positive o negative a seconda di come risultano essere anche i Pianeti interessati. Una cosa è certa: in caso di Congiunzione le energie dei diversi Pianeti si sommano tra loro e gli effetti che essi producono ne escono moltiplicati!

Un Marte congiunto a Venere, per esempio, è assai diverso da un Marte congiunto a Saturno. Infatti, mentre il primo esprime passione, il secondo denota caparbietà.

Nel Tema che segue potai notare, per esempio, che Sole e Mercurio si trovano in congiunzione, così come anche Plutone e Urano.

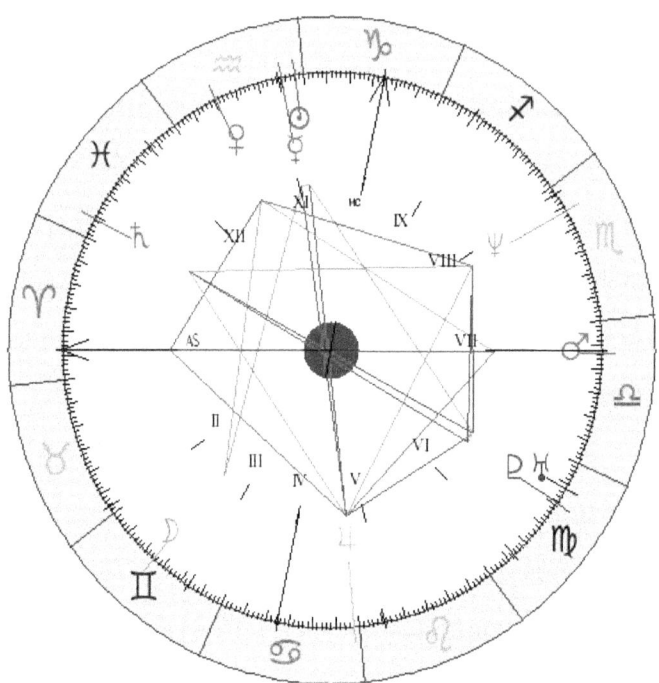

⚭ Passiamo adesso all'**Opposizione**, che è un aspetto che si forma quando due o più astri, o gruppi di astri (stellium), si trovano a una distanza di circa 180 gradi tra loro (tieni presente che anche per l'opposizione ci può essere uno scarto, in più o in meno, di 10 gradi).

In genere l'Opposizione crea una tensione tra Pianeti e viene quindi interpretata in senso conflittuale, anche se genera, contemporaneamente, un effetto stimolante. In sostanza, questo aspetto crea un'ulteriore occasione per lavorare su noi stessi e quindi migliorare!

Nel nostro Tema-esempio puoi notare che c'è Opposizione tra la Congiunzione Sole-Mercurio e Giove, così come tra la Congiunzione Urano-Plutone e Saturno. L'opposizione viene solitamente tracciata con un tratto rosso.

◻ Altro aspetto, per così dire disarmonico, è la **Quadratura**, che si forma quando due o più Pianeti si trovano a una distanza di circa 90 gradi tra loro. Attenzione però, in questo caso, così come vedremo anche per il Trigono e il Sestile, lo scarto può arrivare al massimo a 2 o 3 gradi!

Si tratta, come già detto, di un aspetto dissonante, visto che i Pianeti interessati risultano essere bloccati, proprio come due forze che cercano di muoversi in direzioni opposte! Si tratta in pratica di un aspetto che crea difficoltà e ostacoli da superare.

Nel nostro Tema puoi notare, per esempio, una Quadratura tra Marte e Giove, tracciata con un tratto di colore fucsia.

△ Il **Trigono** è invece un aspetto armonioso che si forma quando i Pianeti si trovano a una distanza di circa 120 gradi. In questa posizione gli astri sono in accordo tra loro, si esprimono con maggiore semplicità e lavorano insieme in sinergia.

Nel Tema Natale portato come esempio potrai notare che sono in Trigono i pianeti Giove e Saturno, così come la congiunzione Sole-Mercurio con la Luna.

Il Trigono viene normalmente indicato con un tratto di colore azzurro.

 Il **Sestile** è infine un aspetto positivo in cui i diversi

Pianeti si trovano tra loro a una distanza di circa 60 gradi. Esso è tendenzialmente armonico, in quanto prepara un successo a fronte di uno sforzo da sostenere. Ovviamente, anche in questo caso, tutto dipende dai Pianeti coinvolti nell'aspetto!

Nel Tema Natale il Trigono si distingue con un tratto di colore verde.

SEGRETO n. 17: gli aspetti consistono nella distanza, espressa in gradi, tra Pianeti o altri punti del Tema. Le energie da essi prodotte possono essere positive o negative. Nella Congiunzione la distanza non supera 10 gradi. Nell'Opposizione è di circa 180°, nella Quadratura è di circa 90°, nel Trigono è di circa 120° e nel Sestile è di circa 60°.

Come realizzare una sinastria o oroscopo di coppia
Siamo arrivati ora al momento *clou* di tutto il nostro progetto: la realizzazione della sinastria, ovvero la materiale sovrapposizione del tuo Tema Astrale con quello del partner! Potrai così individuare i punti di incontro o le asperità, di questa potenziale coppia e stabilire il giusto comportamento da adottare!

Per semplificarti le cose ti suggerisco di tracciare uno dei due Temi su carta velina e con un tratto di colore diverso!

In pratica dovrai:
- stampare il Tema Natale di lui (di un colore);
- stampare il Tema natale di lei (su velina e di un colore diverso);
- sovrapporre i due Temi;
- tracciare, con un terzo colore, gli aspetti che si formano tra i pianeti di lui e quelli di lei.

E questo è quello che dovrai osservare:
- in quale casa dell'uno cade l'Ascendente dell'altro;
- in quale casa dell'uno cade la settima casa dell'altro;
- in quale casa dell'uno cade la quinta casa dell'altro;
- in quali case di lei/lui sono Sole/Luna/Marte/Venere di lei/lui;
- gli aspetti tra Venere di lei e Marte di lui e viceversa;
- gli aspetti tra Venere di lei e Venere di lui;
- gli aspetti tra Sole di lui e Luna/Venere di lei;
- gli aspetti tra Marte di lui e Luna di lei e viceversa;
- gli aspetti tra Venere di lei e Ascendente di lui;

- gli aspetti tra Marte di lui e Ascendente di lei.

Come vedi gli spunti di osservazione sono moltissimi e accattivanti! Con la conoscenza che hai acquisito finora, sarai sicuramente in grado di condurre un'ottima indagine! Quindi, buon lavoro!

SEGRETO n. 18: la sinastria consiste nella materiale sovrapposizione del tuo Tema Astrale con quello del partner per individuare i punti di incontro o le asperità di coppia.

La sinastria di Chiara e Dario

Come ti ho anticipato, la battaglia per la conquista di Dario da parte di Chiara è poi proseguita con la realizzazione della loro sinastria.

La prima cosa che ho notato è stato che l'Ascendente di lei cadeva proprio nell'ottava casa di lui, quella cioè della profondità dell'animo e dell'esoterismo.

Mi sono quindi resa conto che avrei tranquillamente potuto

suggerire a Chiara di inserire, tra i loro argomenti di conversazione, proprio l'Astrologia! E fu un successo! Chiara è, infatti, riuscita a incuriosire Dario più di quanto potesse credere, facendogli apprezzare moltissimo questa sua passione!

Per quanto riguarda i loro modi di pensare, mi sono invece accorta che i rispettivi pianeti in Mercurio generavano un fastidioso aspetto di quadratura. Ciò si è mostrato prepotentemente quando hanno cominciato ad affrontare anche discorsi di tipo politico! Le loro posizioni si rivelarono, infatti, totalmente opposte!

Tuttavia, approfittando dell'Ascendente di Chiara in opposizione al Marte di Dario, le ho suggerito di provare a farlo ragionare. I due hanno così scoperto di avere, nonostante tutto, molte posizioni da condividere!

Ma la cosa che mi ha maggiormente colpito, e che ha facilitato di molto il mio compito di consulente, è stato il fatto che la Venere di Chiara andava a creare un perfetto e meraviglioso aspetto di Trigono con il Marte di Dario!

Dal punto di vista strettamente "fisico" direi che non c'è alcun dubbio! Questo aspetto parla di completamento ed equilibrio di coppia! Il femminile di lei andava così a coincidere, perfettamente, con il maschile di lui! Dario era infatti molto attratto dalla femminilità di Chiara!

Lei ha dunque iniziato a modificare il suo modo di vestire cercando di renderlo più femminile, ponendo l'accento proprio su questo particolare aspetto della sua personalità!

Come avrai capito, la sinastria è in grado di offrirti molti interessanti spunti di osservazione! Ma devo passare adesso a parlarti dell'ultimo strumento che ti servirà a capire, invece, qual è il momento migliore per agire!

Significato dei Pianeti di transito
Arrivati a questo punto, dovrai fare una distinzione tra Pianeti di Nascita (tracciati sul Tema Natale e fissi) e **Pianeti di Transito**, (che si spostano continuamente, giorno per giorno, durante tutto l'arco dell'anno).

Finora hai imparato a leggere un Tema Natale con i Pianeti collocati nella posizione in cui si trovavano nel momento esatto della nascita della persona. Hai quindi utilizzato un Tema "statico" che ti ha fornito informazioni generali legate, per esempio, al carattere, al temperamento, alle attitudini o alle possibilità di riuscita di un individuo nei diversi ambiti.

Invece, per fare una previsione sul tipo di energia che interesserà in futuro la vita della persona oggetto dei tuoi "studi", dovrai individuare la posizione dei **Pianeti di transito**. Questi ultimi, che sono poi gli stessi che occupavano quella specifica posizione al momento della nascita della persona, si muovono continuamente e, a seconda del punto del cielo in cui oggi si trovano, sono in grado di generare ulteriori e diversi effetti.

Per capire, per esempio, dove si troveranno domani i diversi Pianeti, dovrai consultare un particolare tipo di calendario, chiamato "**Effemeridi**", che ti indicherà appunto, per ogni giorno dell'anno, in quale Segno e a quale grado si trova ciascun Pianeta.[1]

È chiaro quindi che gli effetti prodotti dal Pianeta di transito sul Tema Astrale saranno temporanei! Si limiteranno cioè al periodo di tempo in cui lo stesso pianeta sosterà su un particolare punto del Tema (per esempio quando attraversa un segno occupato da una casa o quando, durante il suo tragitto, crea aspetti con i Pianeti fissi del Tema di nascita).

Inoltre, gli effetti generati da ogni Pianeta di transito, nel momento in cui sovrasta un particolare punto del Tema Natale, si sommeranno a quelli prodotti dagli stessi Pianeti fissi di nascita! Per esempio, Saturno di transito che passa su Saturno di nascita o su qualsiasi altro pianeta, amplificherà notevolmente le caratteristiche di base di tale aspetto e darà una spinta in più!

Dovrai quindi di nuovo analizzare, come hai già fatto con l'analisi del Tema per così dire "statico", quale effetto produrrà il

---

[1] Per iniziare questo tuo viaggio verso la conoscenza dell'Astrologia, ti suggerisco lo stesso testo su cui ho iniziato a studiare anch'io. Si tratta di "Guida all'Astrologia" di Ciro Discepolo – Armenia Edizioni. Il manuale contiene anche le tavole delle Effemeridi.

Pianeta di transito quando attraversa, per esempio, una casa, un segno, o quando passa sopra a qualche altro Pianeta!

Tuttavia, anche se gli effetti dei Pianeti sono sempre gli stessi, a differenza di quelli di nascita, quelli di transito esplicano solo effetti transitori legati al loro passaggio!

Devo però farti notare che non tutti i Pianeti viaggiano, per così dire, alla stessa velocità, visto che ce ne sono sia di velocissimi, come la Luna, che percorre un grado ogni due ore circa, sia di lentissimi, come Plutone che è capace di rimanere in un segno per circa 21 anni!

Per quanto riguarda gli altri pianeti, il Sole resta in un segno per un mese, Mercurio un paio di settimane e Venere per circa 20 giorni, anche se, più o meno, ogni due anni si ferma in un segno per circa 4 mesi. Infine, Marte ci sta un mese e mezzo, Giove un anno, Saturno due anni e mezzo, Urano sette anni e Nettuno tredici o quattordici anni.

Dal nostro punto di vista ti consiglio quindi di analizzare, con l'aiuto delle Effemeridi, soprattutto i Pianeti di transito come Marte e Venere, oppure la Luna, per capire le energie che sprigionano con il loro passaggio quando attraversano punti del Tema che ti interessano particolarmente. Per esempio quando passano su una quinta casa (vita mondana e avventure sentimentali) o una settima casa (matrimonio).

SEGRETO n. 19: i Pianeti di transito esplicano solo effetti transitori legati al loro passaggio su un punto cruciale del Tema Natale. Lo spostamento di questi astri può essere seguito attraverso la consultazione delle "effemeridi", che indicano la posizione di ciascun Pianeta per ogni giorno dell'anno.

L'esperienza con i transiti: come è proseguita l'indagine di Chiara su Dario
Dopo aver acquisito la giusta padronanza della sinastria, mi sono spinta più oltre, e ho iniziato a osservare il movimento dei Pianeti per capire quale poteva essere il momento migliore per suggerire a Chiara di "approcciarsi" al suo Dario!

Infatti, se fino a quel momento la sinastria era servita a individuare i punti di incontro tra i due, per capire invece quale poteva essere il momento giusto per agire, bisognava far riferimento ai Pianeti di Transito!

Ho iniziato così a seguire i movimenti della Luna. Astrologicamente parlando naturalmente! Trattandosi, infatti, di un Pianeta veloce, che si sposta di un grado ogni due ore circa, ho potuto osservare quale doveva essere, giornalmente, l'umore di Dario (la cd. lunaticità!).

In pratica, effemeridi alla mano, ogni giorno seguivo gli spostamenti di questo velocissimo Pianeta. Mi soffermavo sui punti del Tema di Nascita che attraversava e, a seconda degli aspetti (positivi o negativi) che andava a generare con gli altri Pianeti, suggerivo a Chiara di telefonargli, proporgli di fare qualcosa insieme, oppure semplicemente attendere!

Per esempio, se un giorno la Luna attraversava la quinta casa (casa della vita mondana e delle avventure) di Dario, ero sicura che Chiara sarebbe riuscita a strappargli un appuntamento!

Oppure, quando la stessa casa veniva attraversata da Marte (la virilità), che sta in un segno per circa 2 mesi, sapevo che quello sarebbe stato il periodo migliore per agire! L'effetto si sarebbe inoltre accentuato con l'ulteriore passaggio della Luna!

Oggi Chiara e Dario vivono insieme e hanno due bellissimi bambini, ma la cosa più interessante è che sono diventati entrambi astrologi!

Ultime raccomandazioni sui transiti
Siamo arrivati alla fine, ma vorrei ribadirti ancora una cosa. Nella tua osservazione dei transiti dovrai sempre verificare se gli aspetti che i Pianeti formano con il loro passaggio sono armonici o meno!

Per esempio, se a un certo momento della giornata, la Luna genera un aspetto dissonante con un altro Pianeta, del tipo quadratura, dopo qualche ora, allontanandosi, la quadratura non c'é più! Invece, se si lasciano passare un paio di giorni, e si permette così alla Luna di percorrere altri 30 gradi, si formerà addirittura un Trigono, che è un aspetto assolutamente armonico!

Inoltre, se sei un uomo e vuoi conquistare una donna, dovrai seguire gli spostamenti di Venere (la femminilità)! Ti consiglio però, in questo caso, di osservare bene anche la Luna, che, come sai, per una donna è molto importante!

Ti suggerisco infine di monitorare soprattutto i Pianeti che transitano sulla quinta o settima casa. Sono proprio queste, infatti, le case da tenere maggiormente in considerazione per quanto riguarda il rapporto amoroso! Così come, se vuoi organizzare un viaggio, puoi invece andare a vedere la nona casa! E così via! Buon lavoro!

RIEPILOGO DEL CAPITOLO 4:

- SEGRETO n. 15: ogni Casa rappresenta un settore di vita della persona. Ciascuna di esse è influenzata dal Segno in cui ha la cuspide (inizio della Casa) e dai Pianeti che la occupano. La prima Casa corrisponde all'Ascendente e rappresenta l'atteggiamento che si assume verso il mondo esterno.
- SEGRETO n. 16: anche i Pianeti influenzano le Case che occupano. Se le Case risultano "vuote", potrai soffermarti sul significato della Casa nel Segno che occupa o esaminare il Pianeta governatore del Segno in cui cade la cuspide della Casa che ti interessa.
- SEGRETO n. 17: gli aspetti consistono nella distanza, espressa in gradi, tra Pianeti o altri punti del Tema. Le energie da essi prodotte possono essere positive o negative. Nella Congiunzione la distanza non supera 10 gradi. Nell'Opposizione è di circa 180°, nella Quadratura è di circa 90°, nel Trigono è di circa 120° e nel Sestile è di circa 60°.
- SEGRETO n. 18: la sinastria consiste nella materiale sovrapposizione del tuo Tema Astrale con quello del partner per individuare i punti di incontro o le asperità di coppia.
- SEGRETO n. 19: i Pianeti di transito esplicano solo effetti

transitori legati al loro passaggio su un punto cruciale del Tema Natale. Lo spostamento di questi astri può essere seguito attraverso la consultazione delle "effemeridi", che indicano la posizione di ciascun Pianeta per ogni giorno dell'anno.

CONCLUSIONE

Siamo arrivati alla fine ed è d'obbligo, per me, fare una precisazione. Tutto quello che hai imparato in questo ebook rappresenta solo una minima, ma davvero minima parte, di quella che può essere realmente l'Astrologia!

Tuttavia, sfruttando un aspetto divertente, come quello della seduzione, ho cercato di fornirti alcune piccole informazioni, utili e necessarie a capire, quantomeno, in cosa possa consistere questa meravigliosa e affascinante "scienza".

Ti ho parlato, prima di tutto, del Tema Natale e della suddivisione di questo nei dodici Segni zodiacali. Scendendo però ancora più nel dettaglio, rispetto alla conoscenza delle caratteristiche di ciascun segno, ho voluto approfondire il discorso parlandoti delle influenze esercitate sul Tema dal Sole, dalla Luna e da tutti gli altri Pianeti.

Non ritenendo ancora tutto questo sufficiente a raggiungere lo scopo desiderato, ho pensato anche di completare l'analisi con la spiegazione dei diversi settori della vita oggetto di tali influenze e ti ho parlato così delle Case. In questo modo spero di averti aiutato a spingerti ancora più in profondità e permetterti così di avvicinarti sempre più al cuore della persona che ti interessa!

Però tutto ciò, come avrai compreso, è riferito solo a un quadro generale, del carattere e della personalità di chi stai "studiando". Ho quindi voluto osare ancora e ho cercato così di svelarti come attraverso l'applicazione dell'ultimo affascinante aspetto, che è quello dei Transiti, potrai anche azzardare una timida previsione sulla direzione che potrebbe prendere la vita della persona oggetto dei tuoi studi!

Tuttavia, se avrai la volontà, la passione e la curiosità, e io spero di aver in qualche modo stuzzicato tutto questo, posso dirti che c'è molto di più!

Spero di essere riuscita a collocare nel tuo orecchio quella "pulce" che ti stimolerà ad andare oltre e a capire come l'Astrologia sia fondamentalmente un modo per comprendere come tutti noi, su questo pianeta, siamo influenzati da ogni tipo di energia.

In realtà quello che avevo intenzione di trasmetterti, prima ancora del divertente gioco della seduzione, era il fatto che questa, come tante altre discipline, ci rende consapevoli dell'esistenza di molteplici "forze" che hanno il potere di influenzare continuamente il nostro cammino di vita, ma di cui non siamo consapevoli.

Infatti, mentre l'Astrologia ci parla della presenza di energie provenienti dagli astri, in tutto l'universo, ma anche su questa terra, siamo continuamente "presi d'assalto" da una miriade di influenze, esterne e interne a noi stessi...

E allora, quello che voglio augurarti, riguarda principalmente il fatto che tu riesca a comprendere il significato di tutto ciò che ti circonda, se avrai la volontà e il desiderio di proseguire su questo cammino. Ti auguro di iniziare, come è stato anche per me, proprio dall'Astrologia, questo percorso avventuroso e gratificante che aiuterà te, e tutti quelli che con te entreranno in relazione, a crescere e rendersi conto del fatto che noi, piccoli abitanti di questo meraviglioso pianeta, non siamo composti soltanto di materia...ma di tanto altro!

Mi piacerebbe soprattutto farti riflettere sul fatto che noi, "comuni mortali", siamo potenzialmente in grado di modificare la nostra vita attraverso l'uso di tutte queste energie, e l'energia più importante, presente in ognuno di noi, almeno dal mio punto di vista, è proprio il pensiero. Il pensiero è libero arbitrio. È ciò che è in grado di modificare e smussare persino l'energia degli astri.

Auspico quindi che questo ebook ti aiuti, non tanto a sedurre un uomo o una donna, quanto a sedurre te stesso! E la seduzione di noi stessi riguarda principalmente la conoscenza di noi stessi! Quindi, solo quando ci innamoreremo di noi, potremo finalmente rendere la nostra vita indimenticabile...

Proprio così, come dice anche Ramtha[2]: «Become a remarkable life!».

Daniela

---

[2] Ramtha l'Illuminato. Si definisce così una entità spirituale giunta da un'altra dimensione e vissuta su questo pianeta 35.000 anni fa, ai tempi di Atlantide. Dal 1977 la stessa entità è canalizzata da una donna americana di nome JZ Knight.

www.ingramcontent.com/pod-product-compliance
Lightning Source LLC
Chambersburg PA
CBHW050912160426
43194CB00011B/2380